Rudolf Dammert

Der serbische Feldzug

Erlebnisse deutscher Truppen

Verlag
der
Wissenschaften

Rudolf Dammert

Der serbische Feldzug

Erlebnisse deutscher Truppen

ISBN/EAN: 9783957001047

Auflage: 1

Erscheinungsjahr: 2014

Erscheinungsort: Norderstedt, Deutschland

© Verlag der Wissenschaften in Vero Verlag GmbH & Co. KG. Alle Rechte beim Verlag und bei den jeweiligen Lizenzgebern.

Webseite: http://www.vdw-verlag.de

Cover: Foto ©Jörg Kleinschmidt / pixelio.de

Rudolf Dammert
Der serbische Feldzug

Erlebnisse deutscher Truppen

Mit 67 Abbildungen
und 2 Karten

Zweite Auflage

v. Mackensen.

v. Gallwitz.

v. Seeckt.

v. Falkenhayn.

v. Kosch.

v. Lochow.

v. Winkler.

Tausend und eine Nacht möchte man erzählen von den gespenstischen Helden, die in den Sturmnächten des Oktober wie ein Geisterheer über die Save und Donau brausten, Schlag auf Schlag die Wehrkraft eines schuldbeladenen Volkes zerbrachen und die Pforte zum Morgenlande öffneten. Das Lied der Braven darf in der Fülle des Kriegsgeschehens nicht untertauchen. Es soll durch die heimatlichen Städte und Dörfer klingen wie Glocken, die zur Andacht rufen. Vielleicht bringt es in dieses oder jenes Stübchen, wo es still und einsam ist, wo Tag und Nacht ein inniges herzbewegtes Gedenken schützend die Arme breitete und alle Liebe das Leid nicht zu bannen vermochte. Da möge es den Tausenden erzählen vom Tod und der heldenhaften Verklärung, ihnen Kunde bringen von der Größe des Geschenkes, das sie dem Vaterlande als ihr Opfer hingaben.

Denen, die zurückkehren, möchte das Buch lebendig erhalten, was in der Leidenschaft des Erkämpfens vielleicht nur in Umrissen haften blieb, ein Vermächtnis schwerer, aber siegbeglückter Tage.

Dr. R. Dammert.

Der Honorar-Ertrag dieses Buches wird Seiner Exzellenz Generalfeldmarschall v. Mackensen für die Kriegerfürsorge zur Verfügung gestellt.

Serbiens Aufstieg und Untergang.

Serbien ist der Allgemeinheit das Land der Königsmörder. Man weiß, es ist eine krankhaft ehrgeizige, größenwahnsinnige, kriegerische Nation. Damit ist das Urteil abgeschlossen. Auch wenn man der großen Masse des Volkes zu gute hält, daß es mit der grauenhaften Chronik der Gewalttätigkeiten nichts gemein hat, sagt doch ein gesundes Empfinden, daß ein Volk, das eine derart blutbeladene Dynastie und Regierung duldet und in Wahlen unterstützt, an deren Schuld und Schicksal mit vollem Recht teilhaftig ist. Mord und Umsturz sind diesem Balkanstaat freilich andere Begriffe als uns. Das verschwommene Urteilsempfinden der Masse beugt sich willenlos der hohen Weisheit der in Belgrad Regierenden, die das Land zu mehren verstanden und denen die französischen Millionen nach Wunsch zuflossen. Eine blühende Entwicklung war allerorten bemerkbar. Der Zweck ihres Handelns war offensichtlich von guten Folgen, also schienen dem Volk auch die Mittel verständig und notwendig.

Unruhig, in seinen Stimmungen und Temperaturen wechselnd wie das Land, ist die Geschichte des Balkans. Er ist die Brücke, die vom Abendland zum Orient führt. Ungezählte Völker haben sich über diese Weltstraße ergossen und oft genug grausam vernichtet, was eben ansässig Gewordene errichtet hatten. Spät erst waren die Bulgaren und Serben stark genug geworden, weitere Überflutungen abzuwehren. Aber nun entbrannte ein Vernichtungskampf zwischen den beiden Rivalen. Im 12. Jahrhundert war die Straße von Belgrad nach Konstantinopel im Besitz der Bulgaren, während die Serben ihren Stammsitz im heutigen Novibazar hatten. Um die Bulgaren zu vertreiben, zogen die Serben die Byzantiner ins Land, denen sie später selbst unterlagen. Dieses Volk hat aus Ländergier schon immer mit seinem Schicksal gespielt.

Die seltsamen Täler, die heute von deutschen Soldatenliedern widerklingen, waren einst erfüllt von dem Waffengeklirr deutscher Kreuzritter und den Gesängen frommer Pilger. Hier marschierte Friedrich Barbarossa auf der Fahrt ins Heilige Land. In Nisch beugte sich vor seinem Glanze der Serbenfürst, dem damals die Krone von Byzanz das Haupt umnebelte. Demütig bat er, ein deutscher Lehensfürst werden zu dürfen. Barbarossa wies ihn ab. In der Schlacht auf dem Amselfelde wurde bald darauf Serbien türkischer Besitz. 420 Jahre kam das Land dadurch zu der ihm ungewohnten Ruhe. Eine türkische Provinz im eigentlichen Sinne ist jedoch Serbien auch in dieser Zeit nicht gewesen. Die Herren von Konstantinopel besetzten zwar das Fürstentum mit ihren Truppen. Im übrigen blieben aber die Serben in ihren Sitten, in ihrer Sprache und in ihrer Religion unangetastet. Ihr Ehrgeiz und Tatendurst konnte sich freilich in dieser Zeit nur an den Heldengesängen und geschichtlichen Erinnerungen austoben, von denen die blinden Rhapsoden, die das Land durchzogen, erzählten. Anfangs des 18. Jahrhunderts kam Serbien an Österreich, nur kürzere Zeit. In den späteren Kämpfen fochten die Serben bald auf der Seite der Türken, bald auf der der Österreicher.

Im Jahre 1804 setzte die serbische Freiheitsbewegung ein. Georg Petrowitsch, der „Schwarze Georg" (Karageorgewitsch) genannt, ein Vorfahr des Königs Peter, führte die Aufständischen, besiegte die Janitscharen und erstürmte Belgrad. Aber schon nach diesem ersten Erfolg zeigten sich innere Zerwürfnisse. Eine neue Partei wünschte, daß sich das Land unter den Schutz Rußlands stellte, während andere dem Lande die soeben errungene Selbständigkeit erhalten wollten. Die Russen ließen die Serben ihre Macht fühlen. Sie brachten sie im Bukarester Frieden von 1812 um die Früchte der Siege, die sie in dem Jahre zuvor gegen die ottomanischen Truppen erfochten hatten. Karageorgewitsch unterlag in dem folgenden Jahr einem neuen Ansturm der Türken. 1815 befreite Milosch Obrenowitsch mit zusammengerafften schwachen Kräften das Land aufs neue von der Türkenherrschaft. Karageorgewitsch, der nach seiner Niederlage nach Österreich geflohen war, kehrte in die Heimat zurück und fiel einem Meuchelmord zum Opfer.

Milosch Obrenowitsch wurde 1817 zu Belgrad in einer Versammlung von Vertrauensmännern aus dem Volk zum Fürsten von Serbien ausgerufen. Die Türken gestanden den Serben das Recht zu, ihren Fürsten zu wählen, ihr Land selbst zu verwalten, die Rechtspflege zu handhaben und eigene Steuern einzuziehen. Serbien hatte seine Freiheit wiedererlangt. Die Abhängigkeit gegenüber der Türkei bestand nur noch in der Entrichtung eines Jahrestributs. 1862 räumten die Türken die Mehrzahl der serbischen Festungen, 1867 wurde der Halbmond auch auf dem Kalimegdan in Belgrad niedergeholt. Während des russisch-türkischen Krieges fiel die serbische Armee in Bulgarien ein und zwang dadurch den in der ungeschützten Flanke getroffenen Türken den Frieden von San Stefano (1878) ab, der Serbien die Gebiete von Nisch, Pirot und Leskovac eintrug. Die Bulgaren, damals noch in den Anfängen ihrer Unabhängigkeitskämpfe, mußten den Übergang dieser bulgarischen Gebiete in serbische Hände dulden. Erst in dem großen europäischen Krieg der Jetztzeit war es ihnen vergönnt, sich diese Gebiete wieder zu erobern.

Milosch Obrenowitsch hat sich 1830 die Erblichkeit seiner Dynastie verbriefen lassen. Er baute das neue Staatsgebilde mit fester Hand auf. Er war Analphabet und konnte die Staatsdokumente nur mit drei Kreuzchen unterzeichnen, hat aber in seinen Gesetzen eine achtenswerte autodidaktische Allgemeinbildung bekundet. Als die von russischer und englischer Seite geschürten aufständischen Bewegungen immer deutlicher darauf abzielten, das Parteiwesen auf Kosten des Thrones erstarken zu machen, dankte er müde und enttäuscht zugunsten seines Sohnes Milan ab, der jedoch wenige Wochen später starb. Miloschs zweiter Sohn Michael, der die Regierung übernahm, mußte vier Jahre später nach Österreich flüchten. Nun wurde der Sohn des „Schwarzen Georg", Alexander Karageorgewitsch, von einer Volksversammlung zum Fürsten von Serbien erwählt. Auch er konnte sich gegen die Ränke der Parteien nicht behaupten und wurde als abgesetzt erklärt. 1859 holte man den achtzigjährigen Milosch Obrenowitsch zurück. Er starb jedoch schon im folgenden Jahr. Sein begabter Sohn Michael der Dritte, der vor dem Belgrader Theater ein stattliches Standbild hat, fiel 1867 einer Verschwörung zum Opfer, die die Familie Karageorgewitsch gegen den Obrenowitsch angezettelt hatte. Er wurde im Park seiner Sommerresidenz überfallen und mit seiner Tante getötet. Die Empörung über dieses ruchlose Verbrechen war im Volke so stark und allgemein, daß die Urheber des Anschlags ihren Zweck nicht erreichten. Die große Skuptschina gab dieser Stimmung Ausdruck, indem sie dem einzigen noch lebenden Obrenowitsch, dem vierzehnjährigen Milan, die Königskrone anbot. Nachdem eine Regentschaft von Ministern vier Jahre lang das Szepter kraftlos im Wirrwarr der Parteien geführt hatte, übernahm 1871 Milan der Vierte die Regierung. Er hat das serbische Reich durch innere Reformen gekräftigt und durch Waffenerfolge in der äußeren Stellung gehoben. 1882 nahm er den Königstitel Milan I. an und proklamierte Serbien zum Königreich.

Aber der wachsende Einfluß der russophilen Radikalen verwandelte die Regierung immer mehr in eine Oligarchie hinterhältiger, zänkischer Parteiautokraten. König Milan hatte keine Lust, sich zu einer Strohpuppe herabwürdigen zu lassen und dankte, verbittert und der Umtriebe überdrüssig, zugunsten seines Sohnes Alexander ab.

Von dem jungen König sagte mir einer seiner früheren Minister, er war eine geistige Kapazität, aber ohne Initiative. Er hatte eine rasch durchdringende Auffassung, aber keine Entschlußfähigkeit. Milans nachgiebiger Verzicht auf die Krone hatte die aufstrebende radikale Partei noch übermütiger gemacht. Bei dem Topola-Aufstand 1883 riß ein ehrgeiziger junger Ingenieur, der spätere Ministerpräsident Paschitsch, die Führung an sich. Die Empörung wurde blutig unterdrückt; Paschitsch entkam jedoch über die Grenze. Die Macht seiner Partei ermöglichte ihm seine baldige unbehelligte Rückkehr. Mit zunehmendem Mißfallen mußte die russische Regierung feststellen, daß sich die Obrenowitsch nicht als Werkzeug ihrer Balkanpolitik gebrauchen ließen und daß Milan sowie König Alexander freundnachbarliche Beziehungen zu Österreich-Ungarn pflegten. In dem Schwiegersohn des Königs Nikita, dem Peter Karageorgewitsch, hatte man dagegen einen Thronanwärter und gefügigen Vollstrecker des russischen Willens zur Verfügung. Cetinje wurde zum Spinnennest europäischer Politik. Es war dem schlauen Bauernkönig gelungen, zwei seiner schönen Töchter an den russischen Hof zu verheiraten. Schwiegermutter und Schwägerinnen waren denn auch nicht müßig, den arbeitslosen guten Peter aus dem Cetinjer Schloß, wo er den Schwiegereltern zur Last fiel, auf den Belgrader Thron zu bringen. Es setzte sich in russischen und russophilen serbischen Köpfen, zu denen vor allem die in Petersburg ausgebildeten serbischen Offiziere gehörten, der Gedanke immer fester, König Alexander vom Thron zu stürzen. Die altgewohnten Methoden der

Verärgerung und Zermürbung blieben ohne Erfolg. Als die Parteidemagogen es mit dem jungen König gar zu schlimm trieben, erschien unerwartet der Vater Milan im Lande, um Ordnung zu schaffen.

Eine teuflische russische Intrigue spielte nun dem jungen König die hübsche Kokotte Draga, die Witwe eines Ingenieurs Maschin, in die Hände. Die ehrgeizige Frau, deren Liebhaber man in Belgrad an den Fingern beider Hände herzählte, bekam den König in ihre Gewalt. Der russische Zar half bei der Kuppelei nach Kräften mit. Er stellte für die Hochzeit kaiserliche Geschenke in Aussicht und versprach, die Neuvermählten in Petersburg zu empfangen. Damit schienen die äußeren Schwierigkeiten beseitigt. Im Lande selbst hofften die beiden den Entschluß ihrer Neigung durchkämpfen zu können. Unter den neuerdings gefundenen Papieren befindet sich auch der Briefverkehr zwischen Alexander und Draga. Die Briefe der beiden sind natürlich und schlicht wie die zweier in Liebesempfindungen eingesponnener einfacher Menschen. Auch die Worte der königlichen Braut halten sich fern von Geziertheit und Aufdringlichkeit. Königin Draga war eifrig bemüht, sich durch soziale Taten Volkstümlichkeit zu erwerben. Sie gründete wohltätige Institute, schuf Arbeitsgelegenheiten. So verdankt ihr das Teppichgewerbe in Pirot einen neuen Aufschwung. Als das junge Paar nach der Hochzeit in Peterhof anfragte, ob sein Besuch nun willkommen sei, antwortete man ausweichend. Da starb, den Verschwörern sehr gelegen, der im Volke angesehene und von den Radikalen wegen seiner Entschlossenheit gefürchtete König Milan. Nun geriet das Lebensschifflein des letzten Obrenowitsch Alexander in eine rasch anschwellende Brandung. Man verstand es, dem Volke klar zu machen, daß die Eheverhältnisse des Königs den Stolz der Nation verletzten. Man ging jedoch diesmal vorsichtiger zu Werke als bei der Ermordung des Fürsten Michael. Damals verhinderte die empörte Volksstimmung die

Deutscher Offizier am Beobachtungsapparat an der Donau.

Belgrad, vom Bahnhof Semlin aus gesehen.

Truppenverladungsstelle an der Donau.

Versenkte serbische Dampfer.

Rückkehr des Karageorgewitsch. Man spielte daher Komödie, hing sich das nationale Mäntelchen um und zeigte sich scheinbar entgegenkommend, wohl wissend, daß Alexander ebenso die Wahl seines Herzens wie seinen Thron aufs äußerste verteidigen werde. Eine Offiziersdeputation machte dem König drei Vorschläge. Der erste lautete, sich von seiner Frau zu trennen; der zweite, mit ihr zu verbleiben, aber als König in Pension zu gehen; der dritte, mit der Geliebten den Tod zu wählen. Verletzt und trotzig erklärte Alexander, er werde mit ihr sterben. Einige Tage später — am 29. Mai 1903 — lagen die zuckenden Leichname des Königspaares im Vorgarten des Konal.

Die russische Diplomatie hatte triumphiert und lenkte die serbische Politik jetzt voll und ganz in ihr Fahrwasser. Der neue König wurde in höchsten Gnaden in Petersburg empfangen. Der Glanz des Zarenhofes überschimmerte sein blutbeflecktes Königskleid. Er erwies sich gelehrig und beflissen und spann seinen Faden gegen den Nachbar jenseits der Donau. In dem ersten Balkankrieg wurde der türkische Besitz auf europäischem Boden zertrümmert und das Glacis für den russischen Vormarsch gegen Konstantinopel vorbereitet. In Bulgarien erkannten weitsichtige Staatsmänner frühzeitig die tieferen Gründe russischer Liebe für die Balkanstaaten; die wahre Absicht, aus diesen ehemaligen Wilajets russische Provinzen zu machen, die Balkanvölker vor den russischen Siegeswagen zu spannen, der den zweiköpfigen russischen Aar nach Konstantinopel fahren sollte. Der leichte Triumph über die von drei Seiten angefallene Türkei erhitzte die heißen serbischen Köpfe noch mehr. Sie brachen das waffenbrüderliche Abkommen mit den Bulgaren und machten ihnen im zweiten Balkankriege mit dem Schwerte streitig, was sie ihnen im vorangegangenen ersten Kriege gegen die Türkei zugesichert und verbrieft hatten. Immer dunkler zog sich das europäische Gewölk zusammen. Rußland hatte sich von dem japanischen Kriege erholt und sann auf neue Ablenkungen von inneren Gefahren. Konstantinopel war das Ziel, die Schwächung Deutschlands, die Zertrümmerung des vielgestaltigen Österreich-Ungarns ein verlockender Gedanke. Aber einen Mann fürchteten die russischen Panslavisten, der emsig am Werke war, die habsburgischen Streitkräfte zu Lande und zur See zu vereinheitlichen und zu kräftigen: den Thronfolger Erzherzog Franz Ferdinand. Er mußte so rasch wie möglich beseitigt werden. Die in Meuchelmord geübte serbische Brudernation erwies ihnen diensteifrig den Gefallen.

Die Geschichte Serbiens ist eine grauenvolle Aufeinanderfolge von Verschwörungen, Aufständen, Verbannungen, Mordanschlägen, Bedrohungen und kriegerischen Raubzügen. Es ist das Schicksal eines Volkes, das begabt, aufstrebend, regsam, aber ohne Charakter ist, ohne Selbstzucht und ohne Augenmaß für die Politik im Bismarckschen Sinne, für die Kunst des Möglichen. Tüchtigkeit, Kunstsinn, Verständnis für die sozialen, wirtschaftlichen und kulturellen Aufgaben der Neuzeit gehen dem Volke nicht ab, aber der erregsame, leicht beeinflußbare, unstete Geist des serbischen Bauern wurde zum Spielzeug macht- und geldsüchtiger Demagogen. Die natürliche Intelligenz, die leidenschaftliche Vaterlandsliebe und sein aufstrebender Ehrgeiz hätten das serbische Volk befähigt, dem Lande eine gesicherte und machtvolle Stellung in Europa zu schaffen und sich zu großer Wohlhabenheit zu entwickeln. Es gibt wenige Gebiete in Europa, die mit Serbien an landschaftlicher Schönheit und Fruchtbarkeit wetteifern können. Es hätte mit seinen fruchtbaren Tälern und Niederungen eine Vieh- und Kornkammer für Europa werden können, und seine ungeheuren Schätze an Stein- und Braunkohlen, Kupfer, Eisen, Silber, Gold, Blei, Marmor usw. lieferten ihm Quellen des Reichtums in Hülle und Fülle. Aus dem fetten, des Düngers nicht bedürfenden Ackerboden wuchs dem Bauer die Ernte ohne viel eigene Mühe zu. Das ist sein Verhängnis geworden. Er hatte ohne viel Arbeit, was er brauchte, und dadurch um so mehr Zeit, sich der Politik zu widmen, die das Hirngespinst seines Lebens wurde. In keinem Dorf der Welt wurde so viel politisiert wie in dem serbischen. Die Parteien buhlten um diese Wirtshauspolitiker und peitschten ihre Leidenschaften auf, um sich ihrer um so besser bedienen zu können.

Die radikale Partei mit ihrem Führer Paschitsch war russenfreundlich und schon aus diesem Grunde den Karageorgewitsch zugeneigt. Die liberale Partei stand auf seiten der Obrenowitsch, hielt ursprünglich mehr zu Österreich-Ungarn, spaltete sich später und verlor dadurch ihren Einfluß. In den letzten Jahren standen sich in dem kleinen Lande elf Parteien gegenüber. Seit der Thronbesteigung des Königs Peter war die Autokratie der radikalen Partei unbestritten, und der König selbst hatte sich ihr zu fügen. Sie verstand es, durch Mittel der Drohung und der Bestechung ihre Gegner unschädlich zu machen. In einer Zeitung der Radikalen stand schon im Jahre 1894 der Satz: Herr Paschitsch gelte in Rußland mehr als der König von Serbien. Es ist nicht zu bestreiten, daß unter seiner Regierung das Land eine fortschreitende Entwicklung nahm. Besonders für die Schulen ist viel geschehen. Wir finden selbst in kleineren Dörfern stattliche, wohlausgerüstete Schulhäuser. Die freundschaftlichen Beziehungen zu Rußland öffneten der radikalen Regierung die französischen Taschen, aus denen innerhalb eines Jahrzehntes nicht weniger als 600 Millionen Franken nach Serbien flossen. So kam es, daß die Regierung des Herrn Paschitsch für sachliche wie persönliche Zwecke stets Geld zur Verfügung hatte. Das imponierte den Bauern und ließ sie zu um so gefügigeren Dienern dieser Regierung werden.

Alle kraftvollen Herrscher Serbiens, die ja selbst aus dem Volke hervorgegangen waren, haben einen Kampf auf Leben und Tod gegen die Führer der jeweils herrschenden Partei führen müssen und darin ihre Kraft verzettelt. Sie hatten zu wählen zwischen einer Unterwerfung unter den Willen dieser Volkstribunen und Parteiführer oder einem gewaltsamen Ende. Das serbische Volk hat seit seiner vor nunmehr hundert Jahren erfolgten Selbstbefreiung nicht den Beweis erbracht, daß es reif ist, sich selbst zu regieren, sich die Selbstzucht aufzuerlegen, ohne die ein geordneter Staat nicht bestehen kann. Die Erfahrungen der letzten Jahrzehnte haben gezeigt, daß der in Serbien vorherrschende Parteianarchismus nicht nur dem Lande selbst eine Ruhe, Sammlung und Entwicklung unmöglich macht, sondern auch Brandstoff für das übrige Europa und in besonders bedrohlicher Weise für die angrenzende österreichisch-ungarische Monarchie aufschichtet. Der Feuerherd ist erstickt. Einem gesicherten Frieden der Zukunft droht aus diesem Lande eruptiver nationaler Leidenschaften keine Gefahr mehr. Der opferschwere Krieg, der auf uns lastet, hat hier verheißungsvolle Arbeit getan.

Eine Bagage- und Munitionskolonne überschreitet die Donau auf einer schmalen Schwimmbrücke.

Ein kleiner Soldatenfriedhof bei Belgrad.

Ein Landungsplatz in den serbischen Bergen.

Blick von Belgrad auf die Save.

Mackensens überraschende Offensive.

Es ist kein Zweifel. Die Serben haben im Ernst nicht an einen Einfall unserer Truppen geglaubt. Wir standen von der rumänischen Grenze bis zum Rigaischen Meerbusen in schwerem Kampf mit den noch immer recht regsamen Russen, im Westen warf sich die aufgefüllte, glänzend ausgerüstete französische und englische Heeresmacht mit dem Mut der Verzweiflung auf unseren Verteidigungswall, im Süden wurden die habsburgischen Truppen durch die gesamte Streitmacht der Italiener bedroht. Es war eine Generaloffensive auf allen Fronten im Gange, uns den Siegespreis zu entreißen, unsere vermeintlich schon zu sehr verausgabten Kräfte endgültig niederzuzwingen. Die äußersten und letzten Einsätze wurden gewagt, um einen Durchbruch zu ermöglichen — wenn er mißlang, war die künftige Großmachtstellung gefährdet. Ernste Entscheidungen waren auf der Ost= und Westfront zu bestehen. Aber richtige Beurteilung, kluge Voraussicht und festes Vertrauen ermöglichten trotzdem den neuen zermalmenden Schlag. Das haben unsere Feinde nicht für möglich gehalten, wie sie uns von jeher unterschätzt haben. Daher ihr Erschrecken, ihre Hilf= und Ratlosigkeit. Mit welcher köstlichen Laune der Gegner an der Nase herumgeführt wurde, davon wird nachher erzählt werden. Daß es uns gelang, den Serben den Glauben an die Ernsthaftigkeit unserer Vorstoßabsichten zu nehmen, erfuhren wir von ihnen selbst.

Ihre Flieger berichteten, daß sich nur schwache Abteilungen auf dem ungarischen Donau-Ufer befinden. Vorbereitungen, wie sie der Brückenschlag erfordert, wurden nicht bemerkt. Man atmete auf, es handelte sich nur um eine lächerliche Demonstration, um die Bulgaren zu fangen. In Paris, London, Petersburg spottete man über den blinden Kanonendonner bei Semendria, auf den keine Aktion folgte. Natürlich nur ein Bluff! Wie könnten sich die Zentralmächte auch in diesem Augenblick unterfangen, einen neuen, unübersehbaren Feldzug ins Werk zu setzen? Nur in Deutschland wußte man, daß unser Generalstab sich mit Bluffs nicht verzettelt. Wenn man auch nicht unterrichtet war, man war gewiß, daß nur die deutsche Gründlichkeit der Vorbereitung die Ursache scheinbar zaghaften Handelns sein konnte. In Wirklichkeit ist seit der ersten Kanonade bei Semendria an der Donau ununterbrochen emsig gearbeitet worden, mit dem Erfolg, daß die Serben eingeschläfert waren, ihre Hauptkräfte von der Donau wegzogen und den Fluß Landsturmtruppen zur Verteidigung überließen. Mit dem Erfolg, daß die unterdessen aufmarschierten Armeen Gallwitz und Köveß die Donau, diese starke natürliche Verteidigungslinie, in kürzester Frist überschreiten konnten, ohne schwerere Verluste zu erleiden.

Es muß immer wieder gesagt werden: Die rasche, glatte Überwindung des ein bis zwei Kilometer breiten Stromes in weitgedehnter Front war eine der denkwürdigsten Wundertaten dieses an übermenschlichen Leistungen gewaltigen Krieges. Weitsicht und Gründlichkeit in der Vorbereitung, taktische Meisterschaft, eine Urkraft des Willens jedes Einzelnen bei der Ausführung, alle Vorbedingungen eines Erfolges wirkten ineinander wie beseelte Glieder einer mit mechanischer Genauigkeit und Sicherheit arbeitenden Maschine. Von maschineller Wucht und Sorgfalt war die Straffheit und Einordnung des Einzelwillens, belebt, rasch entschlossen, voll ingeniöser Einfälle, jedem Hindernis, jeder Programmstörung überlegen, war im Rahmen des Gesamtplanes die Einzelführung an den verschiedenen Übergangsstellen und die Tatkraft jedes Beteiligten. Die überraschende Erstürmung der Donau war entscheidend für den glücklichen Verlauf des serbischen Feldzuges. Nicht darin allein liegt der Reiz dieses Schauspieles. Die Einzeltaten, von denen man heute erzählen darf, verdienen es vor allem, im Gedächtnis des Volkes aufgenommen zu werden und fortzuleben, die Verwirklichung vermeintlicher Unmöglichkeiten, die geistige Findigkeit, die technische Hexenmeisterei und — das Einfachste und Größte zugleich — die Treue unserer Soldaten. Jede Aufgabe verwächst mit ihrem ganzen Ich, sie erfüllt ihr Leben mit freudigem Drang und sieghafter Zuversicht.

Nächtliche Annäherung an Belgrad.

Von den Höhen Belgrads sieht man auf die breite Save hinunter wie in einen Suppentopf. Ufer und Höhen der serbischen Hauptstadt waren stark verschanzt und mit schwerer Artillerie gespickt. Die Inseln auf der Save waren von den Serben besetzt und befestigt. Im westlichen Damm der Save lagen die österreichisch-ungarischen Posten der feindlichen Inselwache seit Monaten gegenüber. Hinter dem Uferwall erstreckt sich kilometerweit Sumpfgebiet und überschwemmtes Land. Nur ein langer schmaler Laufsteg ermöglichte den Posten den Zugang zu ihrem Standort im Savedamm. Unsere Artillerie mußte sich des Geländes wegen so weit zurück eingraben, daß sie nur die feindliche Infanterie am Fluß selbst, nicht aber die weit landeinwärts aufgestellte serbische Artillerie erreichen konnte. Das Braunschweiger Regiment, das den Übergang am rechten Flügel auszuführen hatte, hat serbischen Boden am raschesten erreicht.

Am 5. Oktober schlenderten einige vermummte Gestalten mit österreichischen Mützen über den Laufsteg, der über das überschwemmte ungarische Uferland zum Savedamm führt. Die Serben mochten sie für die Wachen oder Essenbringer halten, die täglich über den Steg kamen. Sie ließen sie unbehelligt. In der unauffälligen Verkleidung erkundeten der Kommandeur und die Bataillonsführer eines deutschen Reserve-Regiments die ihnen zugewiesene Übergangsstelle. Der Angriff war für den 10. Oktober in Aussicht genommen. Am 5. Oktober aber kam Befehl, daß er schon in der Nacht vom 6. zum 7. Oktober erfolgen solle, da in Erfahrung gebracht wurde, daß serbische Verstärkungen von anderen Fronten nach Belgrad in Marsch gesetzt waren.

Abends 6 Uhr nach Einbruch der Dunkelheit bricht das Regiment von Jakovo auf. Der Savedamm ist etwa 5 Kilometer entfernt. Hinter dem Dorf versinkt der feste Boden in dem durch frühere Durchstiche und Regenwetter angesammelten Wasser. Das Regiment kann daher nur über den 1,5 Kilometer langen Brückensteg an die Save gelangen. Kompanie hinter Kompanie, im Gänsemarsch, militärisch gesagt in Kolonne zu Einem, muß über die schmalen Bretter des einen Steges sich an die Einschiffungsstelle vorbewegen. Das Geklapper der Schuhe auf dem Holzboden hätte den Feind aufmerksam gemacht. Daher werden die Bretter zunächst mit Stroh belegt. Dann setzt sich die lange Linie der hintereinander gereihten 3000 Soldaten in Bewegung, voran der Kommandeur. Tiefschwarz ist die Nacht. Man sieht nicht den Steg, nicht den Vordermann. Jeder faßt den Vorgänger an dem Rockschoß, um nicht vom Stege abzuirren. Ein Wolkenbruch ergießt sich auf die wackere Kolonne. Die Stiefel schleppen immer mehr Lehm auf die Holzplanken. Sie werden schlüpfrig wie ein Tanzboden. Anderthalb Kilometer lang kämpfen sie mit dem schmalen glatten Boden, aneinander gekettet, durch die Finsternis gezogen. Die jähen Gewitterblitze blenden vollends die Sinne. Der Regen peitscht ins totenstarre Gesicht. Das Sturmgepäck, das sie mit haben, hängt schwer und triefend über die Schultern. Tritt einer

fehl oder gleitet einer aus, so platscht er bis über die Hüften ins
Wasser. Es ist meist unmöglich, ihn sogleich hochzuziehen, weil
man selbst keinen festen Halt hat und die Kette nicht abreißen
darf, da sonst die Nächstfolgenden die Richtung verlieren und
samt und sonders ins Wasser stürzen. Sie müssen daher, an die
Bretter geklammert, so lange im kalten Bade ausharren, bis die
Reihe zu Ende ist, und können erst dann wieder auf den Steg
klettern. Da ist keiner, der nicht fünf= bis sechsmal fällt, und die Zahl
derer, die vom Steg ins Wasser stürzen, ist nicht gering. Sieben
Stunden dauert der Anmarsch auf der 5 Kilometer langen Weg=
strecke. Besonders mühevoll ist der Transport der Maschinen=
gewehre. In völlig erschöpftem Zustande kommt das Regiment
gegen 2 Uhr nachts an der Save an.

Die Serben, die auf der nahen Insel verschanzt liegen, haben
von der Annäherung nichts bemerkt. Die Posten mögen in ihren
Kapuzen trübselige Betrachtungen über das Wetter anstellen. Sie
ahnen nicht, daß beim Morgengrauen deutsche Truppen auf
serbischem Boden stehen. Von den Belgrader Höhen spielen die
Scheinwerfer über die Save und das Ufergelände. Es sind auf=
regende Augenblicke, wenn die Lichtstrahlen über den Steg huschen.
Unwillkürlich erstarrt der Zug, um sich nicht durch Bewegung zu
verraten. Wird die Kolonne entdeckt und abgeleuchtet, so bietet
die serbische Artillerie sicherlich alles auf, den Steg zu zerstören,
das Regiment abzuschneiden und in einen Schrapnellhagel zu
hüllen. Es sind zwar auf der ganzen Länge des Steges vor=
sorglich Posten der Pionierabteilung des Regiments mit Hand=
werkszeug und Baumaterial verteilt, um eintretende Beschädigungen
sofort auszubessern. Aber im taghellen Licht des Scheinwerfers
sind derartige Arbeiten kaum möglich. In einer hellen Nacht
hätte der elektrische Lichtkegel die anrückenden Deutschen sicherlich
aufgestöbert. Der dichte Regen aber breitet seinen nassen Mantel
schützend über die Wagemutigen. Der Gewitterdonner verschluckt

das Geräusch ihrer Schritte. Nachts 2 Uhr, als die Einschiffung unserer Truppen beginnt, stellen die serbischen Scheinwerfer ihre Tätigkeit ein und vertrauen dem Frieden der Nacht.

Auf dem steilen Savedamm hat das Regiment zunächst noch einen 7 Kilometer langen Weg bis zur Übergangsstelle bei der Großen Zigeunerinsel zurückzulegen. Er ist kaum weniger beschwerlich. Der Lehmboden ist durchweicht und schlüpfrig. Die Kolonne stockt immer wieder vor Übermüdung und muß dann im Eilschritt die entstandene Lücke ausfüllen. Alles sehnt sich nach dem Ziel. Der Kampf erscheint wie eine Erholung nach den übermenschlichen Strapazen dieser endlosen Nacht.

Die 150 Freiwilligen.

Der Gewitterregen hat sich ausgetobt. Das Regiment ist nach dem mühseligen Anmarsch bei den 15 Kähnen angelangt, die es zum serbischen Ufer tragen sollen. Auch der Wind hat sich gelegt. Hoch oben am nächtlichen Firmament aber jagen sich wie fiebernde Gedanken die schwarzen Wolkenschatten. Ein schmerzvolles Stöhnen erfüllt die Luft. Auf den Inseln und am serbischen Ufer ist es mäuschenstill. Ist der Feind noch ahnungslos? Da, ein klirrender Schlag — eine Salve, wieder eine, dann heftiger Gewehrkampf, wie knisterndes Feuer, das gierig trockene Tannenzweige verzehrt. Auf der save-abwärts, links gelegenen Zigeunerinsel ist das Nachbarregiment gelandet. Das Feuer läßt nach, die Landung ist geglückt, in dem Buschwerk geht der Kampf Mann gegen Mann. Rasch in die Kähne, es ist die höchste Zeit. Der Gegner ist auf der ganzen Front alarmiert. Das Regiment auf dem rechten Flügel hat keine Insel vor sich, muß die 800 Meter breite Save mit Pontons überqueren und bei Morgengrauen auf serbischem Boden stehen. Die feindlichen Schützengräben ziehen sich, wie man weiß, unmittelbar am Flusse hin, dahinter sind weitere dicht besetzte Gräben, an einer rückwärts gelegenen Straße ist eine starke Stellung ausgebaut. Hunderte von Gewehren starren auf die Fluten der Save, wach und lauernd, jedes sich nähernde Fahrzeug zu durchsieben.

Auf dem ungarischen Ufer füllen sich eilig die mühsam herangebrachten 15 Pontons. An den Rudern sitzen Pioniere. Außer diesen birgt jeder Kahn 10 Mann. Sie legen sich platt auf den Boden, um ein möglichst geringes Ziel zu bieten. Die Ruderer können sich diesen Schutz nicht gönnen, sie müssen hoch aufgerichtet sitzen und ihr Letztes an Kraft aufbieten, um die starke Strömung ohne Zeitverlust zu überwinden. Die Bemannung der ersten Überfahrt besteht aus 150 Freiwilligen. Aus den überreichlichen Meldungen waren die Schwimmkundigsten ausgesucht. Unsere Artillerie belegt das feindliche Ufer mit schwerem Feuer. Von der seitwärts gelegenen Zigeunerinsel steigen Hilfe rufend serbische Leuchtraketen auf, schlechtes französisches Material, sie zischen auf und verlöschen in der Luft. Bis hinunter zur Donau rasselt und trommelt das Gewehrfeuer. Der Feind ist rings um Belgrad festgepackt. Seine Hauptstadt ist aus dem Schlafe gerüttelt. Der Gerichtstag ist hereingebrochen.

Nach kaum einer Viertelstunde ist der reißende Strom durchschnitten. Die 15 Pontons nähern sich dem serbischen Savedamm, bisher unentdeckt von der feindlichen Uferbesatzung. Jede Sekunde erwartet man den dichten Hagel tödlichen Bleis. Die Boote müssen gesichtet sein. Plant der Gegner eine List? Ist das Ufer unterminiert? Eine Leuchtrakete faucht aus den Kähnen in die Luft. Es ist das verabredete Zeichen für unsere Artillerie, das Feuer am Uferrand einzustellen und nach rückwärts zu verlegen. Das Landungsgebiet ist eine Minute lang grell beleuchtet. Erschreckt tauchen die serbischen Mützen aus den Gräben hervor. Einen Augenblick herrscht lähmendes Entsetzen, dann fahren die Gewehre an die Backen, ein wütendes Schießen setzt ein. Die

150 Freiwilligen sind aus den Booten gesprungen, die rasch zurückgerudert werden. Sie schwimmen an die steile Uferböschung heran, während die Geschosse das Wasser peitschen, klettern die Wandung hinauf und graben sich in ihr fest, die Füße fast noch in den Wellen der Save. Hurra, das serbische Ufer ist erreicht, besetzt ohne große Verluste. Dreizehnmal stürmt der Gegner an, um die Eindringlinge ins Wasser zu werfen. Sie lassen ihn nicht an sich herankommen. Die rückwärtigen serbischen Gräben werden durch unsere Maschinengewehre und Gebirgsbatterien vom ungarischen Savedamm aus unter Feuer gehalten. Nach einer halben Stunde kommen die Pontons zurück mit der ersten Verstärkung. Wieder sind die Verluste gering. Als aber nach 4 Uhr der neue Tag seine Sendboten ausschickt und die dunklen Boote sich vom schimmernden Wasser abzeichnen, wird ihnen die nächtliche Tarnkappe abgestreift. Nun schlagen die Geschosse massenhaft auf sie ein, verwunden und töten Ruderer und Mannschaften, durchbohren die Wände, sodaß die Pontons wegsacken. Und manch ein Kahn treibt, führerlos geworden, stromabwärts. Charon steuert ihn in das Reich des Friedens. Gegen 6 Uhr morgens sind von den 15 Booten noch 6 übrig geblieben. Das Übersetzen muß eingestellt werden.

Etwa ein Bataillon ist an das serbische Ufer gebracht. Es liegt, mangelhaft eingedeckt, am Saveufer, 50—80 Meter von der ersten starken serbischen Stellung entfernt, im ununterbrochenen schärfsten Feuerkampf. Gegen Mittag geht die Munition zur Neige. Ein Mann schwimmt durch den breiten brandenden Strom, um den Mangel zu melden. Ein Sanitätssoldat folgt ihm, um Verbandsmaterial heranzuschaffen. Sie werden entdeckt und beschossen. Das Wasser spritzt um sie auf, aber sie erreichen unversehrt das ungarische Ufer. Ein Ponton wagt sich am hellichten Tag hinüber. Der Feind wird während der Überfahrt durch Maschinengewehr- und Geschützfeuer in seine Deckung geduckt. Die Munitionsnot ist beseitigt. Das Bataillon vermag nun wieder jeden Ansturm im Keime niederzuhalten. Die Uferböschung ist zersetzt. Die Leichen der Kameraden schützen die mühsam Gedeckten. Als endlich der Abend kommt und die Save im Dunkel untertaucht, gleiten wieder Pontons hinüber mit den Verstärkungen. Aber der Feind kennt nun ihren Weg, er leuchtet ihnen auf der Wasserstraße und wirft Schrapnells und Geschosse auf die Boote. Die Verluste sind nicht gering. Doch es gelingt, bis zum nächsten Morgen, es ist der 8. Oktober, fast das ganze Regiment überzusetzen. Um 6 Uhr morgens ertönt brausendes Hurra. In schnellem Anlauf ist der feindliche Straßendamm erklettert. In blutigem Handgemenge wird ein großer Teil der Serben niedergemacht und der Rest gefangen genommen. Dieser Durchbruch hat zur Folge, daß der in seinen Flanken bedrohte Feind die ganze Save-Uferstellung auf mehrere Kilometer Länge aufgibt und sich fluchtartig nach Süden zurückzieht. Das Regiment hat nach 27stündigem Kampfe den Saveübergang erzwungen und die serbische Uferstellung vom Feinde gesäubert. Die Nachbarregimenter stehen noch auf den Inseln mit dem Gegner im Feuergefecht. Zwei Bataillone des Regiments schwenken daher in der Richtung auf die Stadt Belgrad links ein und zwingen den Feind durch die seitliche Bedrohung zum schleunigsten Rückzug von den Inseln und der ganzen Savefront, wo er ohnedies stark erschüttert ist. Hierbei werden zahlreiche Gefangene gemacht.

Von der Banovo-Höhe beherrscht der Serbe aber noch immer die Saveniederung. Das Braunschweiger Regiment, das zuerst das feindliche Ufer erreicht hat, erhält daher den Befehl, den Berg zu stürmen. Erst muß eine 2 Kilometer breite baumlose Sumpfniederung vor den Augen des Feindes überschritten werden. Nur langsam kommen die ausgeschwärmten Linien in dem weichen Boden voran. Knietief sinken die Beine in den Schlamm ein.

Dennoch sind die Verluste gering, da unsere schwere Artillerie die Besatzung der Banovohöhe veranlaßt, sich vor allem mit sich selbst zu beschäftigen. Das Regiment erreicht den Fuß des Berges und hat nun einen etwa 30 Meter hohen schroffen Abhang zu erklimmen, der oben von einem gut ausgebauten Schützengraben gekrönt ist. Trotz seiner günstigen Stellung vermag der Feind nicht standzuhalten. Seine Gräben werden überrannt, die dahinter liegenden Befestigungen gleichfalls gestürmt. In eiliger Flucht verlassen die Überreste der feindlichen Besatzung die festungsartige Kuppe des Berges. Der Hauptstützpunkt der Serben südwestlich vor den Toren Belgrads war genommen. In nur zwei Stunden war der schwierige Sturmangriff geglückt. Aufsteigende Leuchtkugeln melden dies den anderen Regimentern und der schweren Artillerie, deren gewaltiges Feuer sofort verstummt. Die Häuser und Fabriken saveabwärts stehen in lodernden Flammen. Über die Große und die Kleine Zigeunerinsel sind deutsche Truppen am gleichen Tage in die Stadt Belgrad eingedrungen.

Die Kämpfe auf den Zigeunerinseln.

Wenn man das weißschimmernde Häusermeer Belgrads verläßt und der Save flußaufwärts folgt, steigt der Weg durch ein Villenviertel bergan. Hier liegt der Topciderberg, der stark bewaffnete Wächter über den Unterlauf der Save und die darin gebetteten Zigeunerinseln, diese natürlichen Sprungbretter eines angreifenden Feindes. Auf dem Topciber, dem Südfort Belgrads, standen noch vor kurzer Zeit vier Geschütze französischer Herkunft, zwei schwere und zwei leichte. Es sind Flachbahngeschütze, die auf dem Präsentierteller liegen. Die Aussicht von hier oben ist überwältigend. An dem Savebogen liegt der Belgrader Hafen zu unseren Füßen, dahinter die Donau und jenseits der Savemündung die ungarische Grenzstadt Semlin. Wenn man die Stellung der

Geschütze besichtigt, versteht man, warum sie nur zaghaft in den Kampf eingriffen und die Hauptarbeit zunächst den sechs Geschützen auf der Bracarhöhe überließen. Ihr weithin sichtbares Mündungsfeuer mußte ihren Standort mit dem ersten Schuß verraten. Aber schließlich half das Zögern nicht länger. Mit dem Morgengrauen des 7. Oktober erhoben sie ihr Veto gegen den Donau- und Saveübergang. Ihre schwerkalibrigen Geschosse platschten ins Wasser und bedrängten die an der Zitadelle und auf der Zigeunerinsel gelandeten Angreifer. Ihre Keckheit fand rasche Sühne. Sie wurden unter schwerstes Feuer genommen. Davon zeugt das tiefgewühlte Erdreich ihrer Umgebung. Ein 15-Zentimeter-Schiffsgeschütz erhielt einen Volltreffer. Die lange Schnauze liegt im Schlamm, die Panzerung ist zerfasert, ein zweiter Volltreffer schlug den Unterstand der Bedienungsmannschaften ein, die hier ihr gemeinsames Grab gefunden. In einem benachbarten Haus fanden wir französische Zeitungen und Briefe, auch englische Korrespondenz, u. a. die Nummer des „Matin", die den Ausbruch des deutschfranzösischen Krieges „groß aufmacht". Hier hatte Serbiens Gesandter in Konstantinopel, Christitch, seinen Sommersitz. Es ist wohl kein Zweifel, daß die Geschütze von französischen Marinesoldaten bedient wurden; man fand bei ihnen französische Matrosenjacken und spitzenbesetzte Dessous.

Unten, in der Save, erstreckt sich langgezogen und ziemlich breit die Große Zigeunerinsel, etwas nördlicher flußabwärts die Kleine Zigeunerinsel. Hier waren die deutschen Truppen der Armee Köveß zum Angriff angesetzt. Die schlichte Erzählung eines Teilnehmers hört sich an wie ein Heldengesang: Am Nachmittag des 6. Oktober hatte das Wirkungsschießen unserer Geschütze begonnen. Ein Regiment sollte in der kommenden Nacht die Kleine, ein anderes Regiment die Große Zigeunerinsel angreifen und vom Feinde säubern. Entsprechende Reserven blieben zunächst noch auf dem ungarischen Ufer zurück. Um 12 Uhr nachts machten 6 Kompanien den Versuch, auf Pontons die Große Insel zu erreichen. Sie wurden mitten auf dem Wasser von einem starken Gewehr= feuer überfallen. Zahlreiche Boote wurden leck und erreichten in sinkendem Zustand knapp das Ufer, andere brachten Verwundete zurück. Immer wieder wurde der Versuch wiederholt und dabei der Feind selbst unter Feuer genommen. Um 2 Uhr nachts hatte ein schwaches Bataillon die Landung ertrotzt, aber die Boote in ihrem Rücken waren durchsiebt und im Wasser verschwunden. Die Verbindung mit den beiden anderen Bataillonen war abgeschnitten, Hilfe so bald nicht möglich, der Feind aber durch eine Brücke, die von der Insel zum serbischen Ufer führte, in der Lage, Muni= tions= und Mannschaftsersatz heranzuschaffen. Es galt einen Kampf auf Leben und Tod. Jeder Einzelne mußte gegen ein Dutzend bestehen. Man hielt sich nicht lange mit Eingraben auf. Die Insel mußte quer durch bis zum Ostufer erkämpft werden, bevor der Morgen graute. Die Serben griffen auf dem rechten und linken Flügel mit Handgranaten und mit der blanken Waffe an. Sie wurden abgewiesen. Das Bataillon rückte langsam vor. Es geriet in dichtes Dorngestrüpp und niederen Wald. Serben schossen von den Bäumen, aus den Büschen. Es war ein müh= seliger, zäher und erbitterter Nahkampf. Schließlich war der Wald von den wenigen deutschen Kompanien erobert. Eine 250 Meter breite Wiese dehnte sich nun vor ihnen bis zum Ost= und Südrand der Insel. Am Uferhang, gut gedeckt, mit der Brücke zum serbischen Ufer im Rücken, waren die Serben in starken Stellungen verschanzt. Man hätte sich mit den schwachen Kräften daran verblutet. Das Bataillon grub sich daher am Waldrande ein und wartete Verstärkungen ab. Der heraufziehende Tag for= derte eiserne Nerven. Noch konnten die Serben ihre Hauptstadt auf dieser Seite schützen, vielleicht ganz retten, wenn es gelang, diese paar hundert Eindringlinge von der Insel zu werfen. Die serbische Artillerie fiel über sie her, wurde aber bald daran durch unsere Artillerie gehindert. Mit immer neuen Verstärkungen griff die serbische Infanterie den ganzen 7. Oktober über an, ohne Erfolg. Am Nachmittag ging die Munition zur Neige. Man mußte daher den besonders heftig angegriffenen südlichen Flügel zurücknehmen. 1 Unteroffizier und 15 Mann wurden von dem Befehl nicht mehr erreicht und schlugen sich einzeln zurück. Ein Offizier schwamm über die breite, stark strömende Save ans ungarische Ufer, um die gefährdete Lage zu melden. Jede Hilfeleistung war unmöglich. Die Serben hatten vom Topciderberg den Strom zu Füßen und richteten gegen jeden Übergangsversuch ein vernichtendes Feuer. Aber der Abend konnte nicht abgewartet werden. Die Serben verschärften am Nachmittag ihre Angriffe gegen das abgeschnittene Bataillon. Da ließ man einen unbemannten, scheinbar herrenlos treibenden Kahn, durch Schwimmer unbemerkt geleitet, die Save herunter und an das Inselufer treiben. Die List gelang. Der Kahn, der voller Munition war, blieb unbehelligt. Nun waren die Inselverteidiger wieder guten Mutes. Sie hielten ihre Stellungen bis abends. Um 7 Uhr, in der Dämmerung, kam das erste Hilfeboot, dann wurden während der Nacht das ganze Regiment und eine Kompanie Jäger auf die Insel gebracht. Der Erfolg war gesichert. Am Morgen des 8. Oktober, um 5 Uhr früh, wurden die serbischen Stellungen auf der Insel, fast ohne Verluste, gestürmt. Der Rest der serbischen Besatzung flüchtete über die Brücke auf das serbische Ufer zu den in der dortigen Lederfabrik bereitgestellten Reserven. Durch die Volltreffer eines schweren Geschützes fiel die Fabrik in Trümmer. Das ganze Ufergelände wurde in Feuer gehüllt. Wo die Serben noch einen Fluchtversuch machten, wurden sie unter Maschinengewehrfeuer genommen. Im weiteren Umkreis sperrte unsere Artillerie den Rückzug ab. Die paar hundert Serben, die mit dem Leben davongekommen waren, ergaben sich. Sie hatten keine Zeit gehabt, die Brücke zu zerstören. Nachdem die Sprengkapseln daran entfernt waren, betrat das Regiment serbischen Boden und besetzte die südwestliche Vorstadt. Die Landung des Nachbarregiments auf der Kleinen Zigeunerinsel war nicht leichter. Sie gelang erst am Nachmittag des 7. Oktober. Vorher war ein einzelner deutscher Soldat, der versucht hatte, von der Großen Insel ans Ufer zu schwimmen, abgekommen und auf der noch von den Serben besetzten Kleinen Insel angetrieben worden. Als er vom Ufer landeinwärts kroch, sah er sich plötzlich im Rücken der serbischen Stellungen. Zum Glück hielten die serbischen Krieger gerade ein gesundes Mittagsschläfchen im Graben, so daß er unbemerkt blieb. Obwohl verwundet, erkundete er die rückwärtigen Hindernisse und Wolfsgruben und verkroch sich dann, so gut es ging. Als am Nachmittag das Regiment die Insel stürmte und die Serben schließlich wichen, waren sie wohl erstaunt, im Rücken einen Deutschen vorzufinden, aber sie hatten keine Zeit mehr, sich mit ihm zu befassen, so daß er heil davon kam. Er unterrichtete das Regiment über seine Erkundungen und sparte uns manche Verluste.

Das ist eine der vielen übergroßen Leistungen. Man könnte von jedem Einzelnen dieser Kämpfer Gewaltiges erzählen. Und wie viele kühne, große Taten werden nie bekannt, weil ihr Vollbringer sie mit in das schweigsame Heldengrab nahm. Am Abend des 8. Oktober waren beide Regimenter nach Überwindung der Save in der Stadt Belgrad, aus der der Feind sich kämpfend zurückzog. Die an dem erhabenen geschichtlichen Ereignis mitbeteiligten Württemberger mögen mit besonders stolzem Gefühl das Land betreten haben, haben doch vor 200 Jahren Altwürttemberger unter Prinz Eugen an dieser Stätte einen gleich glorreichen Einzug erfochten. Wahrhaftig, sie haben sich ihrer Vorväter würdig gezeigt!

Die Bezwingung der Donau.

Flach und offen liegt die ungarische Tiefebene von Belgrad bis Bazias zu Füßen der serbischen Gebirgszüge, die dicht an das Südufer der Donau herantreten. Hier, wo die Annäherung und Überschiffung am unmöglichsten erschien, wurde der Angriff an fünf Stellen unternommen. Von den serbischen Bergen aus spähten die Posten meilenweit in die verträumte Pußta. Kein Eisenbahnzug entging ihnen, kaum ein Fuhrwerk auf der Land= straße. Eine Überraschung schien ausgeschlossen. Die Serben hatten die denkbar günstigste Verteidigungsstellung. Einige Wochen vor Beginn der Offensive waren deutsche Truppen am Donau= ufer aufgetaucht. In unauffälligen Verkleidungen wurden an den für den Übergang bestimmten Stellen die Tiefen des Stromes ausgelotet, die Flußgeschwindigkeiten gemessen. Brandungsboote, die an der Ostsee ihre Proben bestanden, näherten sich als Busch= werk der Donau. Die nächtlichen Straßen waren von an= marschierenden Truppen belebt. Es war ein Heer von Fleder= mäusen, die das Taglicht scheuten und vom Erdboden verschwanden, wenn die Morgensonne das Bild des Ungarufers auf die serbischen Berge trug. Es waren ganz kleine Verbände. Sie bewegten sich eifrigst, marschierten am Tag gegen das Ufer zu, fuhren nachts zurück und marschierten am Tag wieder zur Donau. Sie klap= perten mit Blechen, als ob Pontons herangeschafft würden. Die paar Bataillone machten einen Lärm und eine Unruhe, als ob eine Armee aufmarschiere. Die Serben setzten ihre Divisionen von der bulgarischen Grenze her in Bewegung. Da wurde mit einem Male wieder alles still auf dem ungarischen Ufer. Französische Flieger berichteten, daß sie keine Truppenansammlungen fest= stellen konnten. Die Serben atmeten auf. Serbische Divisionen marschierten wieder an die bulgarische Grenze, wo neue Gefahr drohte. Die Serben waren eingeschläfert, und unterdessen war

Zeit gewonnen für die Vorbereitung der Donau- und Save-Übergänge, die Uferbauten, die Heranschaffung der Dampfer, des Brückenmaterials.

Die Donau hat stromabwärts Belgrad eine Kraft und Breite, wie sie kein deutscher Strom aufweist. Mit der Strömung von $4^{1}/_{2}$ Meter wälzen sich — 1 bis 2 Kilometer breit — die gelblichen Fluten dahin. An den zum Übergang geeigneten Stellen waren sie durch Minen verseucht. Aus den Talschluchten, die die transsylvanischen Alpen von den Ausläufern der Balkangebirgszüge trennen und der Donau den Durchbruch aus der ungarischen Tiefebene in die Niederungen der Walachei ermöglichen, bricht um die Herbstzeit zudem ein orkanartiger Sturm ins Land, der Kossova, der die Donau vollends unbenutzbar macht. Er treibt Wellen bis zu 2 Meter Höhe. Unser landläufiges Brückengerät reichte für diese schwierigen Aufgaben nicht aus. Es wurde daher ergänzt, vervollkommnet und in reicher Fülle an die Übergangsstellen gebracht. Mit Holzkreuzen wurde das Wasser nach Minen abgetastet, die Pontons wurden mit Scheren versehen. Später haben dann Marinetruppen die verseuchten Stellen einer gründlichen Reinigung unterzogen. Statt der üblichen Pontons, die dem hohen Wellengang der Donau nicht gewachsen waren, wurden neuartige Boote beschafft und verwandt. So war alles vorgesehen, um den Kampf mit dem Strom zu bestehen. Gefährlicher war der zweite Feind: der serbische Uferschutz.

Die Theorien der Flußbezwingung haben sich überlebt. Früher kannte man nur das Mittel, den Gegner durch einen Scheinbrückenschlag an eine bestimmte Stelle zu locken und dann an anderem unbewachten Ort den Übergang zu vollziehen. Diese List ist durch die heutige Fliegeraufklärung entwertet. Überlegene schwere Artillerie gibt heute Gewähr für Landung an jeder erwünschten Stelle. Die englischen Schiffsgeschütze ermöglichten die Landung auf Gallipoli und die Sicherung der rückwärtigen Ver-

Belgrader Hafen.

Die Donau im Kasan (bei Orsova).

Die zerstörte Belgrader Eisenbahnbrücke.

Die nun fertiggestellte Belgrader Eisenbahnbrücke während des Baues.

bindungen. Dieser Schutz versagt aber naturgemäß, je weiter der Kampf landeinwärts dringt. Zunächst wird der Verteidiger durch einen Feuerüberfall vom Ufer vertrieben, dann durch weitergreifendes Feuer immer mehr zurückgedrängt. Ein eiserner Vorhang senkt sich zwischen Verteidiger und Angreifer wie die Rollwand eines verschließbaren Schreibtisches. Und unter diesem durch die Luft zuckenden und fauchenden Feuerdach vollzieht sich die Überwindung des Stromes. Die Entscheidung über das Wagnis muß erst erkämpft werden, wenn das feindliche Ufer gewonnen ist. Darum genügt es nicht, Truppen über den Strom zu schaffen, sie müssen mit Munition und Verpflegung versehen, von der Verbindung nach rückwärts unabhängig gemacht werden und den besetzten Uferstreifen zu einem starken Brückenkopf erweitern. Sobald sich der Gegner von der ersten Überraschung erholt und Verstärkungen herangezogen hat, pflegt er zu erbitterten Gegenstößen auszuholen, um den Angreifer in den Strom zu werfen und ihm das Eindringen in das Land zu verwehren, indem er zugleich den Stromübergang unter Feuer hält. In diesen Kämpfen erst entscheidet sich das Schicksal der Flußbezwingung.

Die Armee Gallwitz hat den Donauübergang an drei Stellen, für die Serben völlig überraschend, vollzogen: bei Palank, an der Donauinsel und bei Semendria. Bei Palank verläßt die Donau die ungarische Tiefebene. Sie macht einen letzten Bogen um den auf dem serbischen Südufer gelegenen Gorica-Berg und wendet sich dann den Hochgebirgsschluchten zu. Auf dem 350 Meter hohen Gorica-Berg standen zwei ältere französische Geschütze der Serben mit einer kleinen Besatzung. Auf einer Anhöhe des Nordufers, die einen weiten Rundblick gewährt, wohnten Generalfeldmarschall v. Mackensen, der Armeeführer General v. Gallwitz und drei deutsche Herzöge dem Donauübergang bei. Am Morgen des 7. Oktober, um 6.25 Uhr, erhob unser schweres Geschütz seine drohende Sprache gegen den Gorica. Um 6.40 Uhr konnte bereits mit dem Übersetzen begonnen werden. An drei Stellen stießen je 12 Pontons mit 20 Mann vom nördlichen Ufer. Sie landeten bei Ram. Die Bemannung sprang aus den Booten und stürmte mit Handgranaten den Gorica=Berg hinauf. Sie überrumpelte die Bedienungsmannschaft der Geschütze und nahm die erste serbische Artilleriebeute in Besitz. Die Reste der hier völlig überraschten feindlichen Uferbesatzungen hatten sich vor dem Feuer unserer Mörser in die weit rückwärts gelegenen Anatemaberge geflüchtet. Unsere Verluste betrugen 3 Tote und 40 Verwundete.

Die zweite Übergangsstelle liegt östlich der Einmündung der Morava in die Donau. Hier ist in den Strom eine langgestreckte, ziemlich breite Insel eingebettet, auf die im Frühjahr die österreichischen Serben ihre Schweine zur Mast treiben. Die Insel ist besiedelt und gehört zur habsburgischen Monarchie. Nur ein dünner Arm trennt das Eiland vom serbischen Ufer, der Hauptstrom fließt zwischen der Insel und dem ungarischen Land, die Donau ist durch die Insel der feindlichen Sicht entzogen. Die Truppen konnten hier ohne große Schwierigkeiten an sechs Stellen in Pontons übergesetzt werden. Unter dem Schutze schweren Artilleriefeuers wurden alsdann von der Insel nach dem serbischen Ufer Brücken geschlagen. Durch unser wohlgezieltes Feuer war das Uferdorf gesäubert worden. Die Serben wichen auf die Höhe Kostolac zurück, die sie stark verschanzt hatten, die aber unseren 30,5=Kalibern nicht standhalten konnte. Nachdem so auch an dieser Stelle das serbische Ufer genommen war, stürmte unsere Infanterie das Dorf Petka. Die serbischen Truppen selbst hatten sich nach Kurjac zurückgezogen, aber das Dorf Petka war damit noch nicht preisgegeben. Es waren darin Frauen und alte Männer zurückgeblieben, die mit ehrwürdigen Türkengewehren nutzlosen Widerstand leisteten. Der Franktireurkrieg ist in dieser Heftigkeit und in diesem Umfang nur im Grenzgebiet aufgetreten, wo die nationalen Leidenschaften sich stets besonders tatenlustig geberdeten. In der Regel hatten wir es bei den älteren Männern, die sich an diesen Dorfkämpfen beteiligten, zudem mit Soldaten der 3. Linie, dem serbischen Landsturm, zu tun. Die meisten dieser Landstürmer, die uns in die Hände fielen, waren ohne Uniform. Sie trugen Zivilkleidung und eine Soldatenmütze, zuweilen auch einen russischen oder englischen Mantel. Ihre Waffen, uralte Steinschloßgewehre arabischen Stils, bedeuteten nicht viel mehr als einen vernehmbaren Protest gegen unser Eindringen. Diesem ersten Vorstoß folgten weiter landeinwärts alsbald ernste Kämpfe mit den gutausgerüsteten serbischen Linientruppen.

Die stärkste feindliche Gegenwehr an der Donau hatte das Korps zu überwinden, das an der dritten Übergangsstelle, bei Semendria, das serbische Ufer stürmen sollte. Die alte türkische Festungsanlage selbst war das geringste Hindernis, das sich ihm entgegenstellte. Ein paar glückliche Treffer unserer schwersten Geschütze vertrieben die Besatzung in alle Winde. Die Hauptstellungen des Feindes lagen in den Weinbergen versteckt, die sich um das sonnige, verträumte Landstädtchen herumziehen. Von diesen beherrschte die serbische Artillerie weithin die Donau. Trotzdem gelang einer Division die Landung unmittelbar bei der Festung.

Eine zweite Division vollführte weiter stromabwärts, außerhalb des feindlichen Feuerbereiches, das Wagnis auf großen Dampfern, die sich trotz der Minengefahr und der schwierigen Strömung im Dunkel der Nacht herangeschlichen hatten. Auch hier mußte der Erfolg erst nach der Landung endgültig erfochten werden. Aus den Weinbergen und den im Moravatal sich anschließenden Maisfeldern machte der Feind starke, verzweifelte Vorstöße, den Eindringling abzuwehren. Das gewonnene serbische Ufer mußte in erbitterten Kämpfen behauptet werden.

Auf breiter Front war der Übergang gelungen. Kaum waren die ersten Truppen auf serbischem Boden, brach der Kossova, der herbstliche Südoststurm, los, der in den entscheidenden Tagen freundlich wohlwollend stillgehalten hatte. Er wirbelte durch das Donautal und pfiff und heulte wie eine toll gewordene Orgel. Er schnitt jeden Verkehr auf der Donau ab. Für die Braven, die sich in heldenhaften Kämpfen am serbischen Ufer festgesetzt hatten, entstand die Gefahr, von dem Munitions- und Verpflegungsnachschub abgeschnitten zu werden. Aber unsere listenreichen Pioniere wußten die schwachen Stunden des Wüterichs zu nützen. Die Optimisten in Nisch erkannten jetzt den verzweifelten Ernst ihrer Lage. Vielleicht klammerten sie sich nun an die Hoffnung, daß Bulgarien mit seinen Drohungen nur grausamen Scherz treibe. Jedenfalls warfen sie eiligst ihre Kerntruppen nach der Donau. Das schützende Band des Stromes hatten sie aber endgültig verloren, und in dem Gebirgsland, in das sie sich kämpfend zurückziehen mußten, wurden sie, ohne zum Besinnen zu kommen, sofort mit starken Kräften von mehreren Seiten angefaßt.

Der Brückenschlag nach Bulgarien.

Orsova liegt in einem interessanten Winkel Europas: Hier treffen sich die Grenzen dreier Staaten: Ungarn, Rumänien und Serbien. Hier beginnt das kurze Stück gemeinschaftlicher Grenze zwischen Serbien und Rumänien, das in diesem Kriege eine so große Rolle spielte, die Brücke zwischen Rußland und den Westmächten mit den nachsichtigsten Wächtern. Hier ist die serbische Türe nach Osten mit dem Ausguck auf das große, mächtige Rußland.

Die Donau zwängt sich in diesem Ausläufer Mitteleuropas durch hohes Karstgebiet. Der wanderlustige Strom, der sich in der ungarischen Ebene behaglich kilometerbreit ausdehnt, wird in diesem Lande, wo keiner dem andern Raum und Boden gönnt, auf wenige hundert Meter, im Engpaß von Kasan auf 165 Meter, zusammengepreßt. Kein Wunder, daß er schäumt und tobt und

in hastiger Strömung enteilt. Hinter Orsova liegt das Eiserne Tor, das früher Frachten nur auf besonders gebauten Schiffen durchließ, dann fällt der Quellfluß des Donaueschinger Schloß=
parkes in die rumänische Ebene hinunter, asiatischen Gestaden ent=
gegen. Schroffe hohe Berge grüßen hier von Ufer zu Ufer, gras=
überwucherte Halden und buschiger Laubwald, über dem in den Tagen der entscheidenden Kämpfe das rostbraune Sterben des Herbstes lag.

Seit dem August 1914 waren hier von Ufer zu Ufer die Büchsen gespannt. Aber zu ernsten Kämpfen war es nicht ge=
kommen. In dem schmalen Tal ist die Welt klein und eng. Der große Krieg brauste darüber hinweg. Der Strom hat im Frieden die Interessen der Uferbewohner miteinander verflochten. Die Serben hatten hier vorwiegend den ortsansässigen Soldaten den Grenzschutz zugewiesen. Sie verteidigten mit dem Vaterland zu=
gleich Haus und Hof der engeren Heimat und besaßen genaueste Ortskenntnis. Diese Methode hatte aber auch ihre Bedenken. Der serbische Leutnant, dem die Artillerie des das Donautal be=
herrschenden Forts Elisabeth bei Tekija anvertraut war, war Hauptpächter des Fischfanges dieser Gegend und Hausbesitzer in Orsova. Manche Leute erklären sich die geringe Beschädigung dieses ihm 1½ Jahr zu Füßen gelegenen hübschen ungarischen Garnisonstädtchens mit seiner Furcht vor Vergeltungsmaßregeln an seinem Haus. In der Tat, es ist erstaunlich, wie planlos die wenigen Schüsse, die gewechselt wurden, gewählt waren. Die un=
schuldige türkische Moschee auf Ada Kaleh hat über 90 Schüsse abbekommen, die große Brücke über die Cserna, die nach Rumänien führt, die Kaserne, die Quaianlagen, selbst die schwimmende Lan=
dungsbrücke in Orsova wurden rücksichtsvoll geschont. Dies soll gewiß kein Vorwurf gegen den Kommandanten des serbischen Forts sein.

Die Serben haben Orsova nie recht getraut, und man hatte

keinen Grund, sie in diesem Mißtrauen zu stören. Gleich bei Beginn des Krieges wurde von österreichischer Seite ein Handstreich versucht. Ein Hauptmann, der später bei Belgrad fiel, setzte auf einem Schleppdampfer mit einer Kompanie Soldaten über. Die kühne, wagelustige Schar wurde mit überlegenem Feuer empfangen und mußte unter Verlust von 14 Mann zurück. Als im Spätsommer die Spannung mit Bulgarien dem Bruch entgegenführte und sich auf dem nördlichen Donauufer eine neue Offensive ankündigte, wandten die Serben ihre größte Aufmerksamkeit der Nordostecke zu. Hier zwischen Orsova und Negotin betrug die Entfernung zwischen den Neuverbündeten in der Luftlinie nur 2—3 Tagemärsche. Hier war die Verbindung für sie am raschesten ausführbar und besonders lohnend, weil sie Serbien von dem slawischen Mutterreich trennte. Diese Ecke wurde daher mit serbischen Soldaten und Kanonen vollgepfropft. Da kam der starke überraschende Übergang bei Bazias, Semendria und Belgrad, der wuchtige Vorstoß der Bulgaren nach Mittel- und Südserbien. Die Nordostecke trat in den Hintergrund und mußte Geschütze und Truppen abgeben. Nun öffneten sich am 23. Oktober in den Seitentälern von Orsova die Schlünde verborgener Geschütze und trugen eine heimlich eingesetzte neue Offensivgruppe mit Feuerwellen hinüber. Noch am gleichen Tage war das serbische Ufer vom Feinde gesäubert. Am 24. Oktober fuhr der erste Eisenbahnzug seit Kriegsbeginn wieder in Orsova ein.

Nur das unbedingte Vertrauen in die sorgfältigste Gründlichkeit unserer Vorbereitungen konnte das Wagnis auf die Verantwortung nehmen. Für die Heranführung der Truppen, des Materials, des Nachschubs stand nur ein Seitental zur Verfügung. Orsova und die Donau liegen von dem hohen, bewaldeten und schluchtenreichen serbischen Ufer aus in voller Sicht, rings um dieses ziehen sich Feldbefestigungen, oben hält ein Fort mit schwerem Geschütz Wache. Die Strömung des Flusses ist hier so

Mackensens überraschende Offensive.

stark, daß ein Ruderboot kaum dagegen ankommen kann, das geringste Abtreiben führt auf rumänisches Gebiet. Der Feind wurde vollständig getäuscht. An drei Stellen wurden, mit Schilf verkleidet, Pontons aufgestellt. Die dem Gegenüber bis ins einzelnste bekannte Gegend durfte nicht die geringste Änderung sichtbar werden lassen. Am 25. Oktober begann morgens 7 Uhr bei Nebel und Regenwetter das Wirkungsschießen. Gleich der erste Schuß unserer schwersten Mörser setzte das Fort außer Tätigkeit, auch eine am Ufer befindliche Batterie geriet in Brand. Der Feuerregen räucherte das am Ufer gegenüber gelegene Dorf Tekija, dann die Höhen und Schluchten aus. Um 9 Uhr vormittags setzten gleichzeitig an drei Stellen 60 Pontons mit 2 Kompanien über, ungarische Landwehrleute, der Jüngste unter ihnen war 37 Jahre alt. Nun mußte sich das Wagnis entscheiden. Unsere Artillerie legte das Feuer höher hinauf auf die Bergkämme. Mit angespanntesten Muskeln arbeiteten sich die von der Strömung talabwärts treibenden Boote hinüber. Bald waren sie in der Mitte des Flusses. Jede Sekunde wurde ein vernichtendes Massenfeuer erwartet. An einzelnen Stellen entwickelte sich Gewehrfeuer. Man wußte, daß der Feind hier noch kurz zuvor 3 Regimenter stehen hatte. War er durch das Geschützfeuer vertrieben oder wollte er den gelandeten Feind im Nahkampf werfen? Für alle Möglichkeiten waren entsprechende Kampfmittel bereitgestellt. Die Pontons stießen wohlbehalten an das serbische Land, sofort gingen die zweiten Staffeln vom ungarischen Ufer ab. Drüben kletterten die graublauen Gestalten an den Uferhängen in die Höhe.

Am Strom entlang, in Windungen und Einschnitten, zieht sich die vom römischen Kaiser Trajan gebaute Uferstraße hin. Sie legt sich, durch Gräben und Schanzwerke ausgebaut, wie ein Festungsgürtel unten um die Berge. Aber dieser Ring war durch unsere Artillerie gesprengt. Auch in Tekija hatten die höllischen Trommelwirbel unserer den Serben ungewohnten schwersten Geschütze alles Leben verjagt. Ein kleiner Dampfer huschte aus seinem Versteck hervor, nahm Kabel an Bord und warf sie drüben ans Land. Damit war die telephonische Verständigung mit den durch den Strom getrennten Abteilungen hergestellt. In einigen Stunden waren mehrere Bataillone drüben, der Übergang war gelungen. Und das schier unmögliche Wagnis hat im Ganzen drei Tote und wenige Verwundete gekostet! Ein vorbedachtes System ineinandergreifender, den Erfolg sichernder Kleinarbeit war genau befolgt worden. Die Rechnung hatte gestimmt und wies so gut wie keine Verlustposten auf. Strategie ist richtige und glückliche Kalkulation. Annähernd 2000 Serben waren in überlegenen Stellungen den Pontons gegenübergestanden. Unser Feuer hatte sie vertrieben oder außer Gefecht gesetzt, etwa 100, darunter einige Offiziere, waren gefangen genommen. Die Offiziere machten einen guten Eindruck, während die Soldaten teilweise wie Zigeuner gekleidet waren. Sie schossen mit Gewehren buntester Art, vielfach mit Bleikugeln ohne Stahlmantel, aber mit geübtem Auge. Auf Fort Elisabeth wurden zwei russische Schiffsgeschütze mit Munition erbeutet.

Der Kampf verlor sich alsbald in die innere Gebirgswelt. Drei hohe Kämme ziehen sich in der serbischen Nordosteck längs der Donau hin. Sie haben tiefe Einschnitte, schroffe Wände und bilden einen natürlichen Schutzwall. Graues Gestein schaut finster aus dem saftigen Waldmantel heraus. Der Nebel und tief schleifendes Gewölk treiben ihren Spuk in diesen Bergen, setzen bald dieser, bald jener Kuppe die Tarnkappe auf. Es war ein neuartiger Krieg, aber in seinen Erfordernissen wundersam vorbereitet. Die großen Wagen waren verschwunden. Der schwere Troß hatte sich in leichte zweirädrige Karren und in Traglasten aufgelöst, die mit den bosnischen Kletterpferden jeden Abhang überwanden. Unsere Gebirgsartillerie und unsere äußerst wirksame Maschinengewehrausrüstung zeigte sich von einer erstaunlichen Be=

Ankunft in Belgrad.

Serbische Artillerie während der Kämpfe bei Semendria.

Die Festung Semendria.

Eine serbische Staatsstraße.

Das Quartier im serbischen Bauernhause.

Mit vereinten Pferde- und Menschenkräften.

Straße im Moravatal.

Rast einer Kolonne.

weglichkeit. Tag und Nacht schafften die Fähren diese leichten Kolonnen über die Donau. Immer weiter dehnte sich der Saumpfad in die Einsamkeit der Berge. Wie Fabelwesen bellten die Geschütze in die Steinkulissen, ihr Gezänk schwang in den Tälern geisterhaft weiter.

Der konzentrische Angriff.

Der serbische Feldzug hat die alte Wanderlust des deutschen Burschen aus der Feuertaufe gehoben. In der Feierabendstunde ergrauter Handwerksmeister tauchen mitunter Bilder fremder Völker und Länder auf, wie sie uns das eilige Reisetempo unserer Zeit nicht zu erschließen vermag. Den Deutschen zog es von je in die Weite mächtig hinaus. Mit leerem Beutel und vollem Herzen wanderte er, bevor er sich seßhaft machte, durch deutsche und welsche Gaue. Manche blieben draußen und verschmolzen mit fremdem Boden. Die zurückkamen, dachten beim Klopfen der Stiefel, beim Hämmern der Kupferkessel an Wien, an Italien oder Schweden, wo sie durch Arbeit und gastliche Sitten sich sorglos durchgeschlagen hatten. Der deutsche Industriebetrieb hat mit dieser Wanderpoesie aufgeräumt. Frisch aus der Schule trotten die jungen Menschen in die Fabrik. Von der Welt draußen wissen, ahnen sie nichts. Nun hat sie der Krieg hinausgewirbelt über die Grenzen in den sonnigen Westen, in den geheimnisvollen Osten, und nun gar in den Wetterwinkel auf dem Balkan, von dem nur die Phantasie eines Karl May ihnen Vorstellungen zu geben vermochte. Die Freude an der Ferne, die Begier des Schauens, Lernens, Erlebens treibt neue schäumende Kraft in ihre Gedankenwelt. Der Krieg und seine Unerbittlichkeiten beschweren diesen

Sinn nicht, sie sind sie gewohnt an allen Fronten. Hier öffnete der Kriegsvorhang eine neue Welt von eigenartigem Reiz und märchenhafter Ferne. Losgelöst von dem Einerlei der täglichen, gleichmäßigen Arbeit stürmten sie durch das fremde Land, verwuchsen sie mit seinen neuartigen Erscheinungen. Das schaufrohe Innere füllte sich mit Kenntnissen und Erfahrungen. Die Geschichte früherer Jahrhunderte wiederholte sich auf diesem Boden, den das Blut mehrerer Welten geweiht hat. Hier lebte auf eruptivem Boden glühende nationale Leidenschaft, deren poetischer Niederschlag schon unserem Altmeister Goethe Bewunderung abrang.

Am 19. September 1915 hatten schwere eiserne Fäuste das Landstädtchen Semendria an der Donau aus dem sommerlichen Schlaf gerüttelt. Wie ein Zittern ging es durch das Land: Kommen die Deutschen? Die Antwort war Schweigen. Auf dem ungarischen Ufer war es still und friedlich wie zuvor. Am 7. Oktober tauchte der „südöstliche Kriegsschauplatz" wieder in den amtlichen deutschen Berichten auf. Ein einziger schlichter Satz berichtete von gewaltigen Vorgängen: „Deutsche und österreichisch-ungarische Truppen haben die Drina, die Save und die Donau an mehreren Stellen überschritten und auf dem östlichen Drina- und südlichen Save- und Donauufer festen Fuß gefaßt." Zwei Tage später erfuhr die Öffentlichkeit, daß eine unter dem Generalfeldmarschall von Mackensen neu gegründete Heeresgruppe die Offensive von Norden und Nordwesten begonnen hat. Deutsche Truppen der Armee des k. und k. Generals von Köveß hatten sich am 9. Oktober der Zigeunerinsel und der Höhen südwestlich von Belgrad bemächtigt und an der Bezwingung der serbischen Feste entscheidend mitgewirkt. Die Armee des Generals der Artillerie von Gallwitz hatte an diesem Tage den Donauübergang an vielen Stellen erkämpft, Semendria erobert und den Feind zum Rückzug in das Landesinnere genötigt. Während schwächere Kräfte von

der unteren Drina aus die Räumung der Macva, des frucht=
baren Nordwestzipfels von Serbien, in Angriff nahmen, kämpfte
sich die Armee Köveß durch die rückwärtigen Stellungen des Bel=
grader Hinterlandes, zunächst noch ohne direkte Fühlung mit der
Armee Gallwitz, die nach der Erstürmung von Pozarevac im Morava=
tal und den seitlichen Gebirgstälern in täglichen Fortschritten vor=
wärts drang. Am 15. Oktober begann die bulgarische erste Armee
den Angriff über die serbische Ostgrenze, gleichzeitig setzten sich die
andern Streitkräfte des neuen Verbündeten in Bewegung. Da in
jenen Tagen der Feind aus der Macva zu weichen begann und die
Schützenlinien der Armeen Köveß und Gallwitz miteinander in
Verbindung kamen, war nunmehr eine durchgehende, einheitliche
Nordfront von der Drina bis in das Gebirgsland der serbischen
Nordostecke hergestellt. Die Zange faßte von Norden und von
der Ost= und Südostseite zu.

Die Armee Köveß säuberte im weiteren Vorgehen das östliche
Serbien. In breiter Ausdehnung wurde im Rudnik=Gebirge
Stellung hinter Stellung genommen und bereits am 2. November
bei Cacal das Tal der westlichen Morava erreicht. Am 6. No=
vember war Kraljevo, die Hauptstadt dieses Landesteiles, im Besitze
der Köveß=Truppen. Große Schwierigkeiten und Verluste brachte
der Übergang über die westliche Morava. Hochwasser machte die
Benutzung der vorhandenen Furten unmöglich. Die wenigen
Brücken waren fast völlig zerstört und in geschickter Weise vom
Feinde unter Schrapnellfeuer gehalten. Brückenmaterial war nicht
zur Stelle, da der Train in den grundlosen Gebirgswegen stecken
geblieben war. Nach einem kurzen Aufenthalt war aber auch
dieses Hindernis überwunden. Der weitere Vorstoß nahm die
Richtung nach dem Sandschak, nach Novipazar. Der Marsch
durch das naturgewaltige Ibar= und Raskatal stellte an die
Truppen die schwersten Prüfungen. Es mußte ein Gebirgsstock
von 1459 Meter Höhe überquert werden. Die Seitensicherung

der einen vorhandenen, überfüllten Straße führte über hochragendes, zerklüftetes Gestein, über Felsenkanten und Abgründe. Die Verpflegung der Menschen und Pferde gestaltete sich kritisch. In dieser Gegend war aus dem Lande selbst nichts zu holen, der Nachschub aber war auf der verstopften Straße kaum vorwärts zu bringen. Es hieß: hungern und aushalten. Die Verluste an Pferden und Zugtieren waren grauenhaft; die Truppe litt schwer. Trotzdem wurden die Märsche beschleunigt. Der Selbsterhaltungstrieb schon peitschte die wackeren Kämpfer vorwärts, heraus aus diesen Talschluchten, in denen das Hungergespenst hinter den kahlen Felsen saß. Die Nächte in dem Hochgebirge waren schneidend kalt, und die erschöpften, hungrigen Leiber drängten sich um die wärmenden Wachtfeuer, die im Freien, oft auf nassen Halden, mühsam wach gehalten wurden. Zuweilen sah man wie eine fata morgana auf der anderen Seite des Gebirgsstromes Dörfer mit reichen Erntevorräten. Aber es war unmöglich, das reißende Wasser zu durchqueren oder zu überbrücken. Man mußte den erschöpften vierbeinigen Kameraden den Gnadenschuß geben, ohne von drüben das rettende Futter herbeischaffen zu können, das sie tagelang entbehrt hatten. Jedoch auch diese gigantisch aufgebauten Hindernisse einer wilden Natur wurden durch die Heldengröße unserer Truppen besiegt. Am 21. November wurde Novipazar von deutschen Truppen besetzt. Nun wandte sich die Armee Köveß dem montenegrinischen Bergland zu.

Die Armee Gallwitz drang mit ihren Hauptkräften im Moravatal vorwärts. Seitliche Abteilungen vertrieben die serbischen Verbände, die in dem Gebirgsland östlich und westlich der Morava Widerstand leisteten. Die Front der Armee Gallwitz erstreckte sich in den letzten Oktobertagen von Palanka bis in das Pektal. Auch hier hatten die im Hochgebirge kämpfenden Truppen in täglichen, aufreibenden Kämpfen die hintereinander gelagerten, leicht zu verteidigenden Sperr-Riegel der Bergwände zu sprengen. Kaum unbeschwerlicher war das Gelände des durch andauernde Regengüsse verschlammten Moravatales, das dem Vordringen der Feldgrauen die Wasserwehr wilder Hochfluten und den Schutzwall abgründiger Moräste entgegensetzte. Aber hier war wenigstens keine Verpflegungsnot, und in den zahlreichen Städtchen der paradiesischen Gegend boten sich gelegentlich auch leibliche Quartiere. Am 1. November nahmen Truppen der Armee Gallwitz den wichtigen Waffenplatz Kragujevac in Besitz. Kurz vor dem 6. November, an dem auf der Zitadelle von Nisch das bulgarische Banner hochging, hatten sich bei Paracin die vom Timoktal vorgedrungenen Bulgaren mit Truppen der Armee Gallwitz vereinigt. Wenige Tage darauf fiel die alte serbische Zarenstadt Krusevac. Nun schwenkte die Armee Gallwitz aus der bisherigen Südrichtung nach Westen ein. Sie drang auf verschiedenen Wegen gegen Kursumlija, von dort gegen Pristina vor, während sich rechts anschließend die Armee Köveß Novipazar zuwandte und in Anlehnung an den linken Flügel der Armee Gallwitz die bulgarische Armee Bojadjeff gleichfalls der serbischen Westgrenze zustrebte. Auch die Divisionen des Generals von Gallwitz mußten sich bei der Verfolgung nach Westen durch die Nadelöhre enger, schluchtiger Hochgebirgstäler durchkämpfen und dabei diese bis 1500 Meter hohen felsigen Wälle mit ihrem weitausgedehnten, unübersichtlichen, hinterlistigen und unwegsamen Gelände durch Streifkommandos säubern. Am 24. November wurde Pristina von deutschen Truppen genommen. Das dortige, denkwürdige Amselfeld, auf dem die Serben schon einmal ihre Selbständigkeit im Waffenkampfe eingebüßt hatten, wurde auch diesmal nicht zur Stätte nationaler Wiedergeburt. Nach rasch erlahmenden Nachhutkämpfen verließen die Reste der geschlagenen serbischen Divisionen in eiliger Flucht die heimatliche Erde.

Ein Kriegsschauplatz für sich hatte sich in den letzten Oktobertagen an der rumänischen Grenze entfaltet. Bei Orsova war von deutschen und österreichisch-ungarischen Truppen die Donau überschritten worden, vom Timoktale her drangen ihnen die bulgarischen Truppen entgegen. Hier sollte der serbische Grenzwall zwischen den Zentralmächten und den befreundeten Bulgaren durchschlagen, der Donauweg zu der verbündeten Türkei geöffnet werden. Hier war die serbische Türe, die nach Rumänien und Rußland führte und für Tröstungen und Kriegsgerät ungehinderten Durchgang gewährte. Wie beim Durchbruch eines tiefen, langen Tunnels sah man mit gespannter Erwartung der Vereinigung der verbündeten Truppen entgegen. Am 26. Oktober trafen die Bohrmaschinen aufeinander. Eine bulgarische Ulanenpatrouille unter Führung des Leutnants Gadjeff reichte bei Brza Palanka ungarischen Husaren die Hand. Es war nur ein kühnes Reiterstück, aber zugleich die Einleitung der kurz darauf erfolgten Fühlungnahme der Infanteriemassen und der daran anschließenden gemeinsamen Operationen. Das unverhoffte Eintreffen der bulgarischen Kameraden löste in der eben eroberten serbischen Donaufestung Cladovo stürmische Begeisterung aus. Gesänge und Jubelrufe tönten zum rumänischen Ufer hinüber. Herzog Adolf von Mecklenburg benutzte als Erster die frei gewordene Straße nach Sofia unter dem Schutze der zurückkehrenden bulgarischen Ulanen. Die feindliche Grenzmauer war niedergelegt, Serbien von Rumänien und Rußland abgeschnitten. Ein Streifkorps trieb den weichenden Feind über das weit gedehnte Gebirgsland dem Moravatal zu. Ein Hagel von Geschossen bohrte sich täglich in das rauhe Gestein. Die Berge dampften und stöhnten. Der Weltkrieg polterte durch ihre Öde und Einsamkeit. Unten im Donautale aber lichteten in den ungarischen Häfen die Frachtdampfer ihre Anker und trugen kostbare Fracht auf dem starken Rücken der Donau zum bulgarischen Ufer. Die Straße nach dem Orient war frei, Konstantinopel außer Gefahr.

Belgrad.

Anfahrt.

Im Mondschein fahren wir die Donau hinauf. Das kleine Boot beginnt zu tanzen, als wir aus der Temes in die breiten, gelblichen Fluten einbiegen. Zwei abgeblendete Leuchttürme bilden Spalier. Daneben steht wie eine Schildwache auf hohem, quadratischem Unterbau das Finanzwachhaus. Wir verlassen ungarisches Gebiet, eine Muskete am Fenster lauert auf die Schmuggler. Die Landschaft ist im Hochwasser versunken. Auf den dunklen, glucksenden Wellen schwimmen die Kronen der Eichen und Weiden der Uferwaldung, als habe man riesenhafte Kraut= köpfe in ein Wasserbad geschüttet. Das Mondlicht hascht sich auf den Wellenkämmen. Weit öffnet die Donau ihre Arme. Sie gleicht einer unruhigen See. Die Luft ist still. Unser Boot kommt gut voran. Wenn der herbstliche Kossova aus dem Eisernen Tor heraufbraust, müssen selbst die großen Dampfer eiligst in schützende Häfen flüchten. Er hat eine Kraft, von der wir uns kaum eine Vorstellung machen können. Aber er verpustet sich in der ungarischen Ebene. Der Kossova schläft heute nacht, wir wünschen ihm gute Ruhe. Wasser von einer unfaßbaren Weite dehnt sich vor uns. Manchmal taucht in einer Bucht der Horizont in den Wellen unter. Die Donau ist hier sonst etwa 1—1½ Kilometer breit, aber jetzt durch Hochwasser 2 Meter

Gemüsemarkt in einer serbischen Ortschaft.

Gutes Einvernehmen zwischen Serben und Deutschen.

Eine gesprengte Eisenbahnbrücke im Moravatal.

Gebirgswagen einer Maschinengewehr-Abteilung.

höher und entsprechend geweiteter. Man glaubt auf einem Riesengewässer mit den Wogen zu kämpfen. Die Save hat das Hochwasser in die Donau geschüttet und ihre Fahrrinne zum Überlaufen gebracht. Die trübe Decke schimmert weithin ins Land. Man faßt sich an den Kopf. Wie war es möglich, einen so unbändigen, riesenhaften Wasserleib angesichts des Feindes zu überqueren? Welche Verantwortung, die geeignetsten Stellen zu finden, welche Schwierigkeit, sie in feindlicher Sicht auszuloten, starken Strömungen auszuweichen, den Anmarsch zu decken, geeignete Landungsstellen am serbischen Ufer ausfindig zu machen! Konnte man dem launenhaften Strome vertrauen, der schon den Stimmungsumschlag und Jähzorn des Balkanblutes in sich zu bergen scheint. Man mußte damit rechnen, daß er sich höchst unerwünscht in den Angriff einmischt. Er hat es nicht getan und uns durch seine Enthaltsamkeit einen großen Dienst erwiesen. Glück muß auch der Feldherr haben. Im Süden kommen Berge an die Donau heran. Kahles Gestein von etwa 300 Meter Höhe. Von dort haben ganz unvermutet im August 1915 schwere französische Geschosse in dem ungarischen Städtchen Pancsova eingeschlagen und ein Gotteshaus und ein Wirtshaus in ihrer friedlichen Stimmung aufgestört. Das Nordufer der Donau ist flach und mit Weiden dicht besetzt. Hier liegen zahlreiche halb ertrunkene Inseln in dem Strome, gegen den selbst der untere Rhein wasserarm und schmal erscheint. Einzelne Kamine tauchen auf: Belgrad! Die Stadt liegt in Finsternis und Totenstarre. Wir sehen noch nicht die froh flatternden Standarten und Wimpel, sehen nur das über aufsteigendes Hügelland ausgebreitete nächtliche schwarze Trauertuch, das alles Leben zudeckt. Wir gleiten an der Stadt vorbei und sehen ihre Wunden, zerschossene Fabrikgebäude, eingestürzte Giebel und schiefe Türme. Die Donau weitet sich zu einem See. Von Süden her flutet die Save in ihr Bett. Auf dem spitzen Winkel, den die Save mit der Donau bildet, reckt sich aus dem Wasser das verblaßt-rötliche, verwitterte Gestein der Zitadelle empor, die Front nach dem Norden und Westen gerichtet wie das vorgeschobene trotzige Wahrzeichen einer Welt, in der die Völkerwanderung, der leidenschaftliche Kampf um Boden und Hirngespinste noch nicht erloschen ist. Dicke Mauern, altertümliche Wälle, zickzackförmige Pfeiler und Stützen sind vor Jahrhunderten in das Gestein hineingearbeitet worden. Ringsum kilometerbreit als natürlicher Schutz der Burggraben der Save und Donau. Auf den Uferhängen auseinandergeschichtet zieht sich weithin das Häuserband der geräumigen Stadt.

Die tote Stadt.

Am Ausladeplatz des Hafens brennen einige Lichter, Acetylenlampen und Scheinwerfer. Hier herrscht reges Leben. Die großen Donaukähne bringen Proviant, Munition, Wagen, Pferde, Automobile, Ausrüstungsgegenstände, tausend Dinge für das Reisegepäck der Armee. Wagen nach Wagen rollt über den Steg auf das Ufer. So geht es Tag für Tag, Nacht für Nacht. Die frisch beladenen Kolonnen traben eilig an die Front. Die Güterschuppen am Hafen sind den Uferkämpfen großenteils zum Opfer gefallen. Über Trümmer und durch Schmutz gehen wir an den Wagenreihen entlang in die Stadt hinauf. Verschlafen hängen die Gäule ihre Köpfe, auch die vermummten Gestalten auf den Wagen lehnen müde an das Zeltdach. Wir klettern eine Treppe hinauf. Das Mondlicht führt uns. Nun tritt das Häuserbild dieser Stadt uns entgegen, ein Mischmasch von asiatischer Wildnis und überfirnißter europäischer Großmannssucht. Hier ein einstöckiges ärmliches Haus, halbverfallen, mit einer Ausdünstung von Schmutz und Gottweißwas, daneben eine vierstöckige protzige Mietskaserne, mit zerbröckelndem Stuck überladen, dann wieder eine zweistöckige ländliche Siedelung in italienischem Stil mit gartenartiger, freundlicher Terrasse, nun ein Haus „mit allem Komfort der Neuzeit", mit schreienden grünen und roten Platten verziert. Mitunter sieht man annehmbare Ornamente, monumentale Gestaltungen, aber sie wirken wie ein König unter Bettlern, wie ein griechisches Gewand unter Geckenkostümen. Die chauvinistische Stadt hat kein Gesicht, keinen Stil, keine Eigenart, nicht einmal Ansätze eines nationalen Eigengeschmackes. Zwischen den alten, einfachen Häusern hat sich zunehmend die neue serbische „Kultur" breit gemacht, die, ohne eigenen Inhalt und ohne Schöpferkraft, in der Nachäfferei westlicher Moden besteht. Mit der inneren Einrichtung der Häuser ist es nicht anders. Neben Baracken ohne das notwendigste Gerät Wohnungen, prunkend in Seide, überladen mit Schnitzereien. Die Herren, die großserbische Politik trieben, haben es immer verstanden, sich selbst groß zu machen. Die sechs Siebentel der Bevölkerung, die in Serbien auf dem Lande leben, mußten mit ihrer ergiebigen Landwirtschaft die Mittel dazu schaffen helfen.

Kein Laut und keine Bewegung in den Häusern und auf den Straßen. Finsternis und Stille. Unser Schritt hallt auf dem Pflaster wider, unsere Worte prallen von den Mauern zurück. Zwei Bosniaken kommen uns entgegen mit Eimer und Besen. Die Stadt wird gekehrt — für die Toten. Wir klopfen an einen Laden, aus dem Licht schimmert, und fragen nach dem Weg. Eine alte Frau mit wirrem, weißem Haar gibt aufgeregt Bescheid. An den Kreuzungen großer Straßen stehen Scheinwerfer, von Pionieren bedient. Sie schützen die nächtliche Stadt vor Tumulten und Überfällen. Feiner Regen beginnt zu rieseln. Er treibt, vom Winde gejagt, wie ein flatterndes Gewebe vor den Blendlichtern. Endlich finden wir unser Hotel. Es ist verlassen wie ein gestrandetes Schiff, ohne Licht und Wasser. Die Zentralisierung dieser wichtigen Versorgungsstellen hat im Kriege ihre Schattenseiten. Ein Volltreffer im Elektrizitäts- oder Wasserwerk schneidet eine ganze Bevölkerung von diesen Quellen städtischen Lebens ab. Wie unselbständig sind wir Städter geworden! Wir verbringen die Nacht fröstelnd, so gut es eben geht. In dem Café des Hotels ist eine Wienerin zurückgeblieben. Gepriesen sei die Tapfere, die die schwere Beschießung wacker aushielt und als Hausmütterchen Samariterdienste leistet. Der heiße Tee nimmt alle Beklemmung von uns.

Wir gehen wieder durch die Straßen. Es ist Tag, aber die Stadt bleibt verlassen und totenstarr. In den Straßen gehen Posten auf und ab. Vereinzelt huscht eine Frau, ein Kind oder ein alter Mann von einem Haus zum andern wie eine Ratte, die das Licht flieht. Im Frieden leben hier 92 000 Menschen. Sie sind durch den Angriff überrascht, in größter Bestürzung geflohen, ließen alles, wie es lag und stand. In blinder Wut und Angst trennten sie sich von ihrem behaglichen Leben, ihrem Besitz, ihren Kleinodien und Andenken. Aus heiterem Himmel schlugen die Granaten in ihren Alltag, ihre Sorglosigkeit und ihre größen= wahnsinnige Siegesgewißheit. Etwa 10 000 Menschen sind in der von Granaten nur wenig zerfetzten Stadt zurückgeblieben. Sie halten sich scheu in den Häusern. Manche werden nie wieder= kehren, lieber alles, was sie sich erworben haben, im Stiche lassen. Aber die Zahl dieser Unversöhnlichen ist im Laufe des Feldzuges stark zusammengeschmolzen. Übrigens muß anerkannt werden, daß die Belgrader das deutsche Eigentum bis zuletzt geschont haben. Die Russen können in dieser Hinsicht von den Serben Gesittung lernen.

Freundlich und wohlwollend faßt man zu, die Stadt in die Selbstbesinnung zurückzurufen. Der Besitzer eines Gasthofes, der zurückgeblieben ist, wird veranlaßt, den Betrieb wieder auf= zunehmen. Man stellt ihm Hilfsmittel und Hilfskräfte zur Ver= fügung. Er hat wohl nie ein besseres Geschäft gemacht. Eine Apotheke wird geöffnet. Die Läden zweier Buchhändler, die ihren

Verschlag entfernt haben, erhalten den Besuch guter Käufer. Das Wasser- und das Elektrizitätswerk kommen wieder in Gang. Aus den Bäckereien steigt Rauch auf. Der Handel mit Milch, Eiern und Fleisch getraut sich wieder in die von der Panik und Massenflucht ausgefegte Stadt. Belgrad kommt wieder zu sich, aber langsam und nur gliedweise strömt das Blut zurück. Man wird streng aber schonend vorgehen; denn ein Volk, das alle Güter der Welt für seine — wenn auch noch so überhitzten — nationalen Ideale opfert, besitzt im Grunde unsere Achtung, wenn wir uns auch aus Selbsterhaltung unerbittlich gegen einen solchen Feind wenden müssen. Ein Galgen an einer Hauptstraße, an dem ein Serbe baumelt, warnt eindringlich vor Hinterhalt und Verrat. Wer den Krieg heraufbeschwört und dabei unterliegt, muß sich dem Sieger fügen. Die Deutschen und Österreicher haben noch immer bewiesen, daß sie einem loyalen Besiegten alle erdenkliche Milde und Rücksicht zuteil werden lassen.

In der Nähe der Zitadelle liegt die türkische Moschee, daneben stehen einige von Türken bewohnte Gehöfte. Eines ist zweistöckig mit einem ausgedehnten Vorraum. Nach langem Klopfen öffnete uns ein Alter mit einem abgegriffenen Fez. Vom nahen Minarett pflegt er in melodischem Gesang zum Gebet zu rufen. Er begrüßt die deutschen Freunde und erzählt mit leuchtenden Blicken und lebhaften Armschwingungen, wie gewaltig die Wirkung unserer Beschießung war und wie ärmlich die Antwort der Serben. Er übertreibt, wenn er behauptet, daß ein Drittel der serbischen Armee aus Mohammedanern bestehe. Er bebt vor Freude. Er und seine Vorfahren haben hier einst auf türkischem Boden gelebt, das sinkende serbische Banner bedeutet eine gute Zukunft auch für die Türkei.

Drunten im Hafen ist geschäftiges Leben. Kähne fahren voll beladen hinüber, herüber. Fuhrwerke und Mannschaften bewegen sich über die hölzernen Brücken. Am Ufer drängen sich Pferde-

und Ochsengespanne. Die Monitore ruhen von kampfreichen Tagen. Hier wird der Balkan mit den Zentralmächten verankert.

Der serbische Vesuv.

Mit der kühnen Eroberung des Avalaberges barst der letzte und stärkste Befestigungsring, der den verbündeten Truppen von Belgrad aus den Einbruch in das serbische Land verwehren sollte. Wenn man sich vom ungarischen Semlinufer der serbischen Hauptstadt nähert, taucht das Bild von Neapel und dem Vesuv in der Erinnerung auf. Vorn weites, breites Wasser, ein aufgetürmtes Häusermeer, das sich schimmernd um den Savebogen dehnt und in der Ferne, etwas verschwommen schon und in Wolken tauchend, ein einsam aus dem Hügelland emporragender, kegelförmiger Berg: der Avala. Die Vision schwindet bei näherem Zusehen, aber sie erhält dem Gedächtnis die ungefähren Linien des Landschaftsgemäldes.

Wir verlassen Belgrad und lernen sogleich die serbische Straßennot kennen. Wenn man 1¼ Jahre zu Fuß, zu Pferd und zu Wagen russische Verkehrsverhältnisse ausgeprobt hat, ist man in seinen Ansprüchen an Straßen und Wege bescheiden geworden, aber hier muß man die letzten bescheidenen Ansprüche abschwören. Ein engmaschiges, gepflegtes Wegenetz, wie wir es zu Hause gewohnt sind, besteht hier überhaupt nicht. Einige wenige schmale, staubige oder schmutzige Straßen mit festem Untergrund führen durch das Land. Wir folgen der Hauptstraße, die von Belgrad nach Kragujevac führt. Hier haben sich die Kämpfe abgespielt, die der Einnahme der Residenz folgten. Es ist unglaublich, was dieses zusammengefahrene, gewundene, auf- und abtanzende Sträßlein auszuhalten hatte. Täglich die schweren Portionen für die gefräßigen, großen Mäuler der Kanonen, die gewichtigen Portionen für den Appetit einer Armee und das unzählige sonstige Gerät. Die Wagen fluteten hin und her, immer weiter entfernte sich die Truppe vom Belgrader Ladeplatz, immer länger und beschwerlicher wurde der Weg für die Kolonnen.

Die Landschaft ist unruhig. Es ist, als ob dieser ungebärdige Boden mitten auf hohem Wellenschlag erstarrt wäre. Unser Wagen kämpft sich wie ein kleiner Kahn durch die Berge und Täler dieser hochgehenden Wogen. Das Land ist ohne Farben. Es ist wie eine Bronzefigur mit einem schmutzigen Dunkelgrün überpinselt. Nur wo die vereinzelten Häuser stehen, hat man ein paar weiße Tupfen hingesetzt. Verstreut, wie eine weit auseinander gezogene Herde stehen alte verkrüppelte, knorrige Eichen, ohne Kronen, belaubte dicke Stämme auf dem dürren Weideland des dünnen Humusbodens. Die Eiche ist der serbische Nationalbaum, aber nicht wie bei uns, weil sie ein in Germanien altansässiges Sinnbild der Größe, Kraft und Zähigkeit ist, sondern weil sie das serbische Land ernährt. Der serbische Bauer lebt hauptsächlich von der Schweinezucht. Die kleinen Borstentiere, die hier lange, schwärzliche Haare tragen und fast mit Schafen zu verwechseln sind, sind billige Hausgäste. Sie werden in Rudeln in die zahlreichen Eichenwälder getrieben und mästen sich fast ausschließlich von den Eicheln. An der Straße ziehen sich abgeerntete Maisfelder entlang. Über dürre Blätter und welke Stümpfe zieht singend der Höhenwind. Die Frucht ist in den Häusern und Nebengebäuden angehäuft. Sie bietet kräftiges Futter für die zahlreichen Ochsengespanne unserer Kolonnen, ebenso wie der Viehreichtum des Landes unsere Truppen von dem Nachschub unabhängiger macht. Die Serben haben die wahnwitzige und nutzlose Verwüstungstaktik der Russen nicht nachgeahmt. Ein kleines Volk, das mit seinem Boden eng zusammenhängt, kann sich zu einer Versündigung an der Fruchtbarkeit der Natur nicht so leicht entschließen wie der Zar, der in seinem weiten Reiche dieses Heimatgefühl nicht kennt und vom grünen Tisch aus den Untergang eines

Landstriches befiehlt. Weiße einfache Landhäuser sind in die Hänge gebettet. Es sind Bilder wie in der römischen Campagna. Obstbäume umlagern die Siedlungen. Die Häuser sind ungepflegt, halb verfallen, aber sie wollen trotzdem, wenn sie wohlhabenden Leuten gehören, nach etwas aussehen. Man stellt daher zwei angestrichene Holzsäulen neben die Eingangstüre oder gleich gar eine Säulenvorhalle vor das Haus, kitschig zum Lachen, oder man bemalt die Wände mit Bildern, so primitiv in Idee und Ausführung, als ob Kinder sich hier einen Spaß gemacht hätten.

Eine Kompanie Jäger zieht vorbei. Sie schauen in die Gegend und singen. Es sind junge, frische Gesichter, sie sind von Kopf bis zu Fuß neu eingekleidet und vorzüglich ausgerüstet. Wir überholen eine Kolonne von Lastautos. Die schweren Wagen zittern und ächzen auf dem holperigen Pflaster, und manchmal schwanken sie bedenklich in den tief gewühlten Rinnen. Rechts am Weg lauert, im Maisfeld gut versteckt, ein serbischer Schützengraben. Er gehört zu der weit durchs Land gezogenen, vorbereiteten zweiten Verteidigungslinie südlich Belgrad. Die Gräben sind sauber ausgestochen und mit Rasen belegt, aber altmodisch gebaut, ohne Kopfschutz und ohne Eindeckungen gegen Schrapnells. Sie wurden nur flüchtig benutzt und scheinen unversehrt. Die dahinter gelegenen Verschanzungen sind noch einfacher. Meister und Liebhaber von Feldbefestigungen sind die Serben nicht. Sie lieben es, kleine Schützenlöcher in einer Aufeinanderfolge von einigen hundert Metern aneinanderzureihen, beim Rückzug also gewissermaßen ein „sprungweises Vorgehen" nach rückwärts zu decken.

Eine Musikkapelle kommt des Weges. Sie will auch nach Serbien hinein, dem Regiment nach, das vorn kämpft. Sie trägt in den verwetterten, gelblich-grünen, verbleichten Instrumenten Proviant nach für das Gemüt, Spannung und Heiterkeit für die

Erholungsstunden. Es kann nicht genug geschehen für die, die täglich im Feuer stehen. Ochsengespanne mit gebeugter Stirne stampfen den Berg hinan. Sie haben lange spitze Hörner, die mit einem Stierkämpfer Spielball treiben könnten. Sie sind hier ebenso unentbehrlich wie die leichten, beweglichen kleinen Pferde, die wie Ziegen klettern. Landbevölkerung drängt sich an den Kolonnen vorbei, Männer mit engen Hosen und Schafpelzen, gedrungene Frauengestalten mit bauschigen Röcken, ärmlich bekleidete Kinder. Sie tragen kleine Bündel und schauen stumpf vor sich hin. Man läßt sie zurückkehren. Hinter einem Gehöft liegen Soldatengräber. Die schlichten Holzkreuze mit den deutschen Pickelhauben wachsen nun auch aus serbischem Boden. Wir hatten zum Glück in den serbischen Kämpfen geringe Verluste. Die Serben sind das schwere Artilleriefeuer, mit dem wir ihre Stellungen zermürben, nicht gewohnt. Die furchtbare Gewalt der Explosionen und Zerstörungen macht ihre Tapferkeit zunichte. Es kommt daher meist nur mit starken Nachhuten der von unseren Geschützen rückwärts gepeitschten Hauptmassen zum Nahkampf und dabei allerdings oft zu erbitterten Handgefechten.

Der Avalaberg taucht vor uns auf. Er wächst aus dem Hügelland wie etwa der Hohentwiel im südlichen Baden. Um seinen Leib schlingt sich ein olivengrünes Band, Buschwerk und Kiefern. Oben auf dem Kegel sitzt wie eine hohe, gesprenkelte Zipfelmütze dünner Laubwald. Hier auf der Mütze saß eine serbische Division in starken beherrschenden Stellungen. Der 565 Meter hohe Berg wurde im Westen von deutschen, im Osten von österreichischen Truppen angegriffen. In zweitägigen Gefechten arbeitete sich die Infanterie an dem Berg hinauf. Nach jedem Vorwärtssprung mußte sie sich wieder in den Boden einwühlen. Der ganze Abhang ist von kleinen Schaufeln geeggt. In manchen finden wir kleine Aschenreste. Hier wurde mitten im Angriff mit verdecktem Rauch Kaffee oder Essen gewärmt. Der alte Feldsoldat bewahrt im entscheidungsvollen Feuergefecht die Ruhe und die Anhänglichkeit für seinen warmen Kaffee. Der heilt immer wieder seine Laune. Und was mutet der Gebirgskampf in diesem lehmigen, steinigen Land nicht alles seiner Laune zu! Wir stoßen auf flankierende serbische Gräben. Große Trichter in ihrer nächsten Nähe haben die Quertreiber wohl rasch vertrieben. Nach 1½ Tagen Aufenthalt wurde einer deutschen Kompanie die Belagerung dieses natürlichen Sperrforts zu langweilig. Sie wagte einen Handstreich. In der Nacht schlich sie sich im Rücken der serbischen Bergbesatzung durch das Buschwerk auf die steile Kuppe und überrumpelte die dort lagernden Serben. Sie gerieten in Verwirrung und flüchteten. Unsere Artillerie wurde rasch verständigt. Sie legte Sperrfeuer zwischen die Avalabesatzung und ihre rückwärtigen Verbände. Die Österreicher erkletterten den Abhang auf ihrer Front. Die Serben konnten nicht mehr vorwärts und rückwärts. Die den Ansturm überlebten, wurden gefangen genommen. Es waren etwa 650.

Unsere Truppen sind seitdem weiter in das serbische Gebiet eingedrungen. Alle zurückkehrenden Offiziere erzählen, daß sie bester Stimmung sind. Wir folgen von der Avalakuppe den fernen Kämpfen. Dumpf hallt der Donner herüber. Weiße Wölkchen umzingeln das Gebirgsmassiv des Kosmaj. Jeder Tag bringt gewaltige Fortschritte.

An der rumänischen Grenze.

Die verwunschene Insel.

Als der ehrwürdige Muezzin der Ada Kaleh in den ersten Augusttagen des Kriegsjahres 1914 die knarrende Treppe des schlanken hölzernen Minaretts emporgestiegen war und die Insel wie eine auf der Donau schwimmende Arche vor seinen Blicken lag, sandte er einen raschen, scheuen Blick auf den Bacijaberg zu seinen Häupten. Dann besann er sich seines Amtes und ließ seine wohlklingende Stimme über die Straßen und Häuser schallen. Die Ruderknechte und Händler, die Zigarettenarbeiter und Straßensteher taten ihre Arbeit oder ihr Nichtstun, vor allem aber ihre erregten Gedanken beiseite und gingen die steinernen Stufen hinauf zur Moschee, wuschen sich vor dem viereckigen Steinhaus an dem bauchigen, holzgedeckten Brunnen Hände und Füße und versammelten sich dann auf dem großen Teppich des Gotteshauses, Allah und Mohammed zu preisen. Die Frauen zogen den Schleier fest und stiegen die Stufen empor zu den beiden vergitterten Räumen, die ihnen zugewiesen sind. In den alten, dickgemauerten Kasematten der kleinen Donauinsel war man unterdessen mit den weltlichen Pflichten des Tages beschäftigt. Aus dem nahen Orsova waren während der Nacht Verstärkungen der Wachmannschaften auf der schwimmenden Festung gelandet. Am Tage freilich durfte man den Kopf nicht herausstrecken, das nahe serbische Donauufer war mit Wachen gespickt, und von den überragenden feindlichen Hängen schauten argwöhnisch die schwarzen Augen der Fortgeschütze. Nur in der Dämmerung konnten leise die Ufer durch Gräben und Deckungen verstärkt werden. Manchmal drang das Klopfen der Pfähle, das Klirren der Spaten durch die stille Nacht zum serbischen Ufer. Da wurden die Artilleristen auf dem Fort Elisabeth vom Lager geholt, ein greller Lichtkegel flammte auf und suchte die Insel nach den Klopfgeistern und Heinzelmännchen ab. Bald dröhnte ein dumpfer Knall mit langgezogenem Widerhall durch das Tal, ein singender Wehlaut zog durch die Luft, und schwere Hämmer schlugen auf das Eiland ein. Das wiederholte sich manche Nacht. Die Bewohner verließen ihre Häuser und Hütten und nisteten sich wie Sturmvögel in dem verfallenden Gemäuer alter Befestigungswerke ein, die sie mit Brettern und Türen gegen Regen und Kälte verrammelten. So lebten sie in Angst und Not 1¼ Jahr, bis die letzten Tage ihnen die Erlösung brachten. Nachts ruderten sie nach Orsova, um Mehl, Zucker und das Nötigste zu kaufen. Während der Frühjahrsüberschwemmung standen die alten Werke unter Wasser, da hatten sie hart zu leiden.

Wie es im Leben der Menschen Eigenbrötler gibt, so auch im Dasein der Völker. Die Donauinsel Ada Kaleh liegt wie ein kleines Dornröschenreich zwischen dem ungarischen und serbischen Ufer, unmittelbar an der rumänischen Grenze. Sie gehörte einst zur Türkei. Als der Halbmond hier von der Donau weichen mußte, warben die drei Nachbarn um die liebliche kleine Prinzessin. Sie schenkte ihre Gunst Österreich-Ungarn. Es war zunächst nur eine wilde Ehe. 1913 ist sie gesetzlich geworden, aber die orientalische Braut hat sich allerhand Rechte vorbehalten. So sind die 300 Bewohner der Insel militär- und steuerfrei. Diese türkische Diaspora ist türkischer geblieben als die Türkei. Hier herrscht noch die alte mohammedanische Rechtsprechung und die strenge Verkapselung des Familienlebens. Eine noch so verschleierte Frau, die im Gespräch mit einem der ungarischen Wachsoldaten gesehen würde, könnte sich hier nicht halten. Die Insel beteiligte sich auch an den Wahlen zur türkischen Kammer. Hier trinkt man einen echt türkischen Kaffee mit Rosenblättermarmelade als Zugabe, und kein Raucher versäumt es, sich mit türkischen Zigaretten zu versorgen.

Kräftige Ruderschläge tragen mich in großem Bogen durch die abschüssige Strömung an die Landungsstelle. Der Weg führt auf sauberen roten Ziegelsteinen durch eine Kastanienallee in die Märchenwelt. Erst komme ich durch verwitterte, rotbraune, massige Tore. Dann liegt die türkische Gasse vor mir. Knaben und Mädchen in weiten geblümten Hosen, die bis zum Knöchel reichen, tragen in runden Blechen auf dem Kopf Brotteig zum Backofen. Ein weißbärtiger Alter mit einem bunten Turban und bloßen, breitgetretenen Füßen schleppt an einer langen Stange zwei Wasserkessel. Männer in neuzeitlicher Kleidung mit dem Fez, andere in der Tracht ihrer Väter, mit blauen Pumphosen, roter Schärpe und geschlungenem, vielfarbigem Kopftuch stehen müßig an den Ecken, Tag für Tag, Jahr für Jahr. Worauf warten sie? Auf den weißen Schnee ihrer Haare? Ihre Gedanken bleiben stehen, nur die Uhr des Herzpulses tickt weiter. Schwarzgekleidete, nonnenhafte Frauen mit weißer Kopfhaube kommen vorüber. Ich sehe fast nur alte Frauen. Es ist eine hübsche Sitte, daß sich alte Frauen verschleiern. In der Ferne an einem Torweg lehnt unbeweglich eine jugendliche Gestalt. Durch den Schlitz der Gesichtsmaske leuchten wie einsame Sterne am nächtlichen Himmel zwei träumende Augen. Sie erzählen von verschleierten, fernen, vergangenen Welten. Die meist einstöckigen Häuser aus Holz oder Stein lassen eine eigenartige Gebärde vermissen. Es sind am Hauptweg Kaufhäuser oder Cafés, in denen die Männer mit gekreuzten Beinen in süßem Nichtstun einige Stunden des Tages verbringen. Man kann doch nicht immer nur an der Straßenecke stehen. An einem zweistöckigen, modischen Gebäude prangen die Worte „Märzenbier", „Ungarische Küche". Jetzt fällt mir auf, was für ein Schatz von „Souvenirs" in den Schaukästen liegt, ich erinnere mich der gemalten Säulen in der Moschee und der vergoldeten Blechampel in dem ehrwürdigen Bau. Und ich verstehe, warum man hier eine alte Zeit museumartig aufbewahrt.

In den Nebengassen und seitlichen Gehöften herrscht noch die alte Sitte unverfälscht. Hier sind verträumte, grünliche Gewässer in die alten roten Mauern eingebettet. In einem Garten liegt ein kleiner Friedhof mit gezierten Steinen. Man kennt hier nicht die gemeinsamen Versammlungsstätten der Toten, die Friedhöfe. Die Verschiedenen werden im Hausgarten beigesetzt. Sie verwachsen mit ihrem Grund und Boden und bleiben im Schoße ihrer Familie. Überall treffe ich auf Spuren der Beschießung. Die Moschee hat allein über 90 Schüsse erhalten, und das Minarett ist quer durchbohrt. Der Schaden ist trotzdem gering. Die östliche Spitze der Insel ist stark verschanzt. Von hier schweift der Blick das Donautal hinab zu den Schaumwellen des Eisernen Tores. Links erheben sich die steilen Hänge des rumänischen Ufers, um die sich Gräben und Befestigungen ziehen. Auch dem neutralen Grenzdorf hat der Kriegswind um die Ohren gepfiffen. Ein rumänischer Pfarrer mit Frau und Kindern ist serbischen Geschossen zum Opfer gefallen. Hart am Ufer liegen, todwund zur Seite geneigt, ein ungarischer und ein serbischer Dampfer, die der Krieg überrascht hatte. Nun ist der Krieg über die Berge gezogen und in das Tal der Friede zurückgekehrt. Ich schlendere langsam zur Bootsstelle zurück. Einer von den Wachmannschaften erzählt mir, daß Generalfeldmarschall von Mackensen gestern der Insel einen Besuch abgestattet hat. Mein Weg führt an einem türkischen Gehöft vorbei. Das Haus hat keine Fenster nach der Straße. Das Leben ist der Außenwelt abgekehrt, es spielt sich im Innern ab, und nur der kleine, vom Himmelblau überspannte Hof gewährt Freiheit und Bewegung. Ich höre Kinderstimmen und Lachen und möchte einen Blick in den Hof tun. Die Türe ist angelehnt, und ich schaue hinein. Zwei junge Mädchen schrecken auf, halten die Hände vor das Gesicht und flüchten. Ein kleiner Knirps schlägt mir die Türe vor der Nase zu. Ich habe Respekt vor dem Dreikäsehoch. Er verteidigt mit trotziger Entschlossenheit das Haus seiner Familie, die Zitadelle seines Heims und seiner Welt, in die kein profaner Blick eindringen darf. Beschämt gehe ich weiter.

Der überraschte Fasching.

Tag und Nacht setzten große breite Kähne von Orsova nach dem serbischen Ufer über. Ein kleines Dampfboot springt wie ein bellender Pudel um das Frachtschiff herum. Wenn dessen Deck vollgefüllt ist, spannt sich das Dampferlein vor und spricht sich mit schreienden Pfiffen Mut zu. Dann faucht es den reißenden Strom hinauf, gleitet vorsichtig in die Mitte der Donau und läßt sich geschickt an die Landungsstelle des gegenüberliegenden Ufers treiben. Dort wird der Kahn festgemacht, und eifrige Hände legen dicke Planken zur Brücke. In Eile wird das Deck geräumt. Die Soldaten springen an Land, die unruhig stampfenden Pferde werden losgebunden und tänzeln zögernd über die Bretter. Die Wagen jagen in voller Gewalt hinunter, um noch einen Schwung aufzuspeichern für die Anfahrt auf dem steilen Ufer. Hier bietet sich ein malerisches Bild. Kolonnen, die zurück wollen, warten auf die Verladung. Die ausgeschifften Pferde und Wagen zwängen sich durch ihre Reihen. Die Stimmen schwirren durcheinander. Manches Gefährt erweist sich als zu schwer. Es versinkt im Lehm, und alle aufgeregten Zurufe der Fahrer an die Pferde machen das Gewicht nicht leichter. Es hilft nichts. Der Wagen muß umgeladen werden. Ein Pferd läßt sich die unsinnige Zu=

mutung nicht gefallen. Es schlägt hinter sich und zertrümmert die Deichsel. Ich sehe die steilen, grundlosen Pfade. Was wird hier von Mensch und Tier geleistet!

Bei der Landungsbrücke liegt das serbische Dorf Tekija. Es erstreckt sich, Orsova gegenüber, an der alten Römerstraße hin. Ich bin auf Schlimmes gefaßt und werde angenehm überrascht. Das Dorf hat sehr viel Anmut, jedes Haus sein eigenes Gesicht. In der Regel sind es weiße, viereckige Steingebäude, zu denen eine Treppe führt. Man tritt in einen sauberen Küchenraum mit einem großen Herd und Kamin. Auch die anschließenden Wohnräume sind gepflegt und geschmackvoll ausgestattet. Viele Häuser haben einen hölzernen Vorbau mit Pfeilern und einer behaglichen, südländischen Szenerie nach der Straße. Über die Säulen und Wände fällt farbiges Reblaub. Bei anderen Gebäuden ist seitlich eine gedeckte Treppe mit einem lauschigen Altan angebracht. Es muß sich hier sehr gemütlich gelebt haben. Freilich, serbische Eigenart darf man hier nicht erwarten. Das Dorf liegt an der Grenze, verdankt dem Donauverkehr seine Wohlhabenheit und mag von dem ungarischen Nachbar manche Anregung und manchen Schmuck der Wohnung übernommen haben.

Tekija hat am 23. Oktober unter schwerem Feuer gelegen. Es mußte ausgeräuchert werden, bevor die Unsrigen von den Häusern Besitz nahmen. Drei Treffer unserer schwersten Geschütze haben ganze Gebäude in tiefe Krater versinken lassen. Die Frauen und Kinder waren in dem Dorf geblieben. Die Erde bebte um sie, die Wände schwankten, und die Fenster splitterten um ihre Füße. Das Dorf ist zersetzt wie von einer Windhose, aber doch in seinen festen Bestandteilen erhalten geblieben. Die Bewohner sind größtenteils rumänische Serben. Die eigentlichen Serben haben sich aus dem Staube gemacht. Möbel, Tücher und sonstiges Gerät, Schüsseln mit weggeworfenem Essen, geplatzte Säcke mit Hafer und Mais, Strohbündel, zerbrochene Karren liegen auf der

Serbisches Bauernhaus.

Serbische Flüchtlinge.

Serbischer Bauer.

Ein zehnjähriger serbischer Soldat

Straße umher. Ein angeschossenes Pferd hat sich auf einen Heuhaufen gelegt und zieht das schmerzhafte Bein an sich. In den Stuben und vor den Türen hocken die Frauen und starren in das Getriebe der Kolonnen. Sie sind noch wie benommen von dem Ungewitter des Artilleriefeuers. Ihre bunten Kostüme hängen schlaff und traurig um ihre müden, sterbensmüden Körper. Man könnte glauben, daß ein Erdbeben ein Faschingsfest überrascht hätte.

Abendstimmung.

Über den Schaumkronen der Donau wiegt sich in ferner Höhe ein Fesselballon. Er schaut weit in die serbischen Berge hinein, hochgereckt wie ein Riese, für den dieses wildzerklüftete Land ein Spielzeug ist. Schwärme von Vögeln umkreisen das fremdartige Luftschloß. Die Abendsonne ist talwärts gezogen, und eine tiefblaue Dämmerung verdichtet die Luft. Süße Müdigkeit und Ruhe möchten über die Menschen kommen und über die schläfrige Natur. Von einer Halde des serbischen Gebirges drüben dringt ein Trompetenlied herüber wie ein Lied der Sehnsucht und des Heimatgedankens. Die Donau taucht in tiefes Dunkel. Ruhe? Hier ist die Nacht nicht der Freund des Menschen. Die Front braucht Geschosse und Brot. Sie verschlingt Nachschub, unerschöpflich, wie ein Danaidenfaß: Vorwärts, die Augen ausgerieben! Hinein in das fremde Gelände, weiter, weiter! Die Nacht hat Augen bekommen, fiebernde Nerven. Mag die Sonne sich herumtreiben, wo sie will, was geht uns die Stunde an? Man hat keine Minute zu verlieren: Das Geschrei der Fuhrleute hallt an den Bergen in die Höhe. Hier ist ein Kampffeld für sich, ohne feindliche Geschosse, aber nicht minder zerreibend, zermürbend, erfüllt von ergreifendem Pflichtgefühl und Opfermut. Die guten, braven Pferde, meist struppige, strapazengewöhnte Bosnier, stampfen die Pfade hinauf, schwer beladen oder eingeschirrt vor wundervoll ausgedachten Gebirgskarren. Die Fahrer übertragen durch ihre ermunternden Zurufe, ihr Zugreifen ihre Energie und soldatische Freudigkeit auf die erregten Pferde. Die Wege sind abschüssig und erfordern gespannteste Aufmerksamkeit. Entgegenkommende Wagen müssen auf das Vorsichtigste umfahren werden. Irgend eine Störung bei einem Gefährt hält die Kolonnen stundenlang auf. Jeder dieser Fahrer ist ein Held an zäher Geduld.

So geht es Tag für Tag, Nacht für Nacht. Die Kämpfer an der Front haben die ruhige Gewißheit, daß dieser Lebensstrom fließt wie nach einem ehernen Gesetz, und wenn er Weltenräume durchqueren, den Himalaja überwinden müßte. Sie werden nicht im Stich gelassen, so wenig wie sie ihre Pflicht und ihr Vaterland je vergessen. Sie kämpfen sich durch die Nacht und die Gefahr, stark und froh, im jubelnden Glauben an den einstigen Morgen, der ihnen den Sieg und den Frieden bringt.

Im Moravatal.

Als unsere Truppen, von Osten und Westen kommend, in der Nähe des Donauufers ausgeladen wurden und das Silberband des Stromes in der Ferne blinken sahen, brachen sie in Jubelrufe aus. Eine neue Welt tat sich vor ihnen auf, vielen noch tief verschleiert; aber sie fühlten alle, hier ist das Tor zu öffnen für eine große Zukunft unseres Vaterlandes. Die glitzernden Wellen der Donau wiesen ihnen wie eine Verheißung den Weg. Dieser selbst war noch in Dunkel gehüllt. Man hatte Schlimmes gehört von dem serbischen Lande, seiner Armut und Wildnis, von dem serbischen Volke und seiner Leidenschaft für abgeschnittene Ohren und Nasen, von den Kämpfen der Frauen und Kinder. Auch dem Tapferen mag das Herz fühlbarer geklopft haben, als der Kahn vom ungarischen Ufer abstieß, die buschige serbische Niederung und das ferne Hochgebirge als neues Kampffeld sich vor seinen Blicken ausbreitete, das er mit seinen Waffen zu erobern hatte. Aber gerade fremdartiges Land übt auf unsere Soldaten einen besonderen Reiz aus.

Wie ein verschlafenes, in Fruchtbarkeit gebettetes Landstädtchen liegt Semendria am Ausgang des Moravatales. Obstgärten und Weinberge ziehen sich über das Hügelland. Sie sind von Schützengräben durchwühlt. Nachdem diese genommen waren, boten sich den Siegern Trauben, große, süße Beeren von einem seltenen Wohlgeschmack. Mit Böller- und Flintenschüssen, aber nicht mit blinden, wie bei Weinbergsernten, hatte das Herbstfest begonnen. Die braven Musketiere kamen mit lachendem Herzen und vollen Händen wie die Sendboten aus dem Lande Kanaan von dem Kampfgelände in die Stadt. Sie brachten sich aus den Weingärten köstlichen Nachtisch zu der eintönigen Feldkost mit. Was schadet's, wenn der Semendrianer Landwein heuer etwas knapper ausfällt. Die Trauben wären doch verdorben. Dieser erste Empfang war nicht übel.

Wenn man von Semendria aus auf der großen Verkehrsstraße an der Morava aufwärts wandert, kommt man durch eine geradezu paradiesische Landschaft. Der fette angeschwemmte Boden der breiten Talniederung spendet in Hülle und Fülle. Selbst einem so untätigen Volk wächst hier Wohlhabenheit und Überfluß zu. Was könnte bei gründlicher Bewirtschaftung aus diesem Lande hervorgebracht werden! Fast das einzige, was angebaut wird, ist Mais und Kürbis. Ausgedehnt sind die ergiebigen Obstgärten. Alles andere liegt als Weideland brach. Der Viehreichtum ist unübersehbar. Da die Bevölkerung vielfach geflüchtet ist, treiben sich herrenlose Herden zu Hunderten herum, große Rudel Schweine, Hammel, Ochsen. Selbst der kleine Bauer hat seine 10 bis 20 Schweine. Er füttert sie mit Eicheln und Abfallobst. Man sieht allenthalben prächtige Exemplare von Zugochsen mit hochgeschweiften Hörnern. Auch Büffel finden sich zahlreich vor. Sie sind jedoch bei weitem nicht so geschätzt wie die Zugochsen. Daß auch das Federvieh hier aus allen Ecken und Enden gackert und schnattert, versteht sich von selbst.

Die serbischen Dörfer machen durchaus keinen ärmlichen Eindruck. Sie dehnen sich meist an der Hauptstraße weithin und sind im Land in reicher Zahl vorhanden. Die Häuser liegen in Gärten, das Wohngebäude gesondert, die Stallungen und Scheunen stehen im Umkreis des Hofes. Das serbische Haus hat keine nationalen Eigenheiten. Es ist ein quadratischer, einstöckiger Backstein- oder Lehmbau mit einem Ziegeldach, meist weiß getüncht. Zu beiden Seiten der Haustüre ziehen sich häufig blau- oder weißgestrichene, in die Fassade eingebaute gerippte Pfeiler mit Kapitälen, die dem Haus ein hübsches, biedermeierisches Aussehen geben. Beliebt sind auch von Säulen getragene Vorbauten vor der Vorderfront oder seitlich als Altan. Die Innenräume sind in der Regel sauber und freundlich. Lehmboden, getünchte, manchmal bemalte Wände. Die Fenster sind ausnahmslos vergittert. Die Tore werden ängstlich verschlossen gehalten. Wir befinden uns auf dem Balkan. Die Wirtschaftsgebäude sind aus Holz und oft sehr vernachlässigt. Manches hält sich nur noch auf schwachen Beinen aufrecht. Fenster daran sind selten, die Alterslücken dafür um so größer. Mit Vorliebe werden die Dächer mit Schilf oder Welschkornblättern gedeckt. Die hängen struppig herunter. Man wird an die Bilder erinnert, auf denen Indianerhütten in Urwäldern abgemalt werden. Auf Baumstümpfen hat man Störchen Nester gebaut. Manchmal findet man einen anmutigen gedeckten Torweg nach nordischer Art. Der Hof ist ein Schlamm- und Schmutztümpel. Die serbischen Opanken, oben offene Sandalen, würden darin elend ersaufen. Man trägt daher die hübsch gebänderten Schuhe nur im Hause und geht mit nackten Füßen über den Hof. Hier tummeln sich die Schweine, daß es eine Lust ist, und ein landwirtschaftlicher Sachverständiger erklärt mir, daß diese unmanierlichen Borstentiere in dieser Schweinerei viel besser gedeihen wie in unseren modernen hyperkultivierten Schweinepalästen. Ich kann ihnen das von ihrem Standpunkt aus nachfühlen.

Die serbischen Städte und Städtchen haben in der Regel einige stattliche Gebäude nach europäischen Vorbildern, bestehen aber im übrigen aus einförmigen, ein- oder zweistöckigen Reihenhäusern. Man findet darin mitunter eine überraschend wohlhabende und peinlich gepflegte Einrichtung, öfters auch deutsche Bücher, Goethe, Schiller, Wieland, selbst den gezierten Gottsched. Man unterschätzt dieses Volk. Reichtum ist hier keineswegs vereinzelt, und der Serbe versteht sich auch auf eine gute Küche. Die Obstschätze des Landes haben besonders eine vielseitige Marmeladenkultur entwickelt. Im allgemeinen trifft man überall auf Sauberkeit und häuslichen Sinn. Im Gebirgsland ändert sich freilich das Bild.

Unsere Soldaten haben in den wochenlangen Kämpfen, die sich durch das Moravatal und das seitliche Hügelland hinzogen, keinerlei Not gelitten. Überall schmorte und brodelte es in den Ruhelagern. Das ist ein Hauptvergnügen im Felde. Auch die Unterkunft war jeweils unverhofft gut. Meist mußte ja ohnedies im Freien genächtigt werden, um gegen feindliche Überfälle auf dem Posten zu sein. Unleidlich war nur der unaufhörliche Regen. Aber unsere Leute verstehen es nach der langen Erfahrung des Feldlebens vorzüglich, sich in trockenen Untergrund einzugraben und unter dem Zeltdache so in die Maisfelder einzukuscheln, daß ihnen selbst dieses Herbstwetter nicht zu Leibe kommt. Sie dichten die Zeltbahn zudem mit den Maisstauden gegen Kälte und Nässe ab. Altmeister Goethe hat schon behauptet, daß das Schlafen in der freien Natur, das Feldbett der Erde und die in ihr aufgespeicherten heilungbringenden magnetischen Kräfte dem Körper sehr bekömmlich sei und ihn gegen Empfänglichkeit abhärte. Er selbst hat im Sommer mit Vorliebe die Nächte im Freien zugebracht. Auch unseren Truppen bekommt die enge Fühlungnahme mit der Natur ausgezeichnet. Obwohl sich unter ihnen in Serbien viele befinden, die zum ersten Male im Felde sind, ist der Gesundheitszustand so gut, wie man ihn sich nur wünschen kann. Epidemien sind nicht im Lande, geschweige denn unter den Truppen. Auch sonst sind die Verluste erfreulich gering. Da die feindliche Artillerie wenig in Tätigkeit trat, waren die sonst so zahlreichen Verwundungen durch Artilleriegeschosse selten. Und selbst die Infanteriekämpfe nahmen einen leidlich harmlosen Verlauf. Spuren des Krieges findet man im Moravatal so gut wie keine. Hinter Semendria entdeckt man nirgends verbrannte Häuser oder sonstige Verwüstungen. Nur die Stellungen und Befestigungen erzählen von den hartnäckigen langwierigen Kämpfen. Die Bevölkerung ist zum größten Teil wieder zurückgekehrt. Dieses Land ist eine Erholung für den, der aus den grauenhaften polnischen Kriegsgebieten Rußlands kommt. Die Stimmung unter den Truppen war daher trotz der Schwere der Kämpfe und der Witterungsunbilden stets vorzüglich. Vor allem allerdings darum, weil unsere Operationen so rasch und erfolgreich vorwärts schritten.

Die Sintflut.

Es muß gesagt werden, der wettergewaltige Petrus hat sich als ein treuer und jedenfalls tätigerer Bundesgenosse der Serben erwiesen als die gewiß nicht weniger großmächtige Entente. Er hat unendliche Massen Wasser in die Flüsse und auf die grundlosen Wege geschüttet und unseren Truppen das Vorwärtskommen mehr erschwert als die serbische Armee. Vielleicht wollte er nur der Welt beweisen, daß wir selbst unter den ungünstigsten Witterungsverhältnissen es vermochten, das kriegerische Serbenvolk mit einigen Schwertstreichen zusammenzuhauen. Dann behüte uns ein gütiger Himmel künftig vor einem solchen ehrenden Vertrauen! Ein Cadorna hätte hier Gelegenheit gehabt, in epischen Gesängen, in Bachschen Fugen den Wetterkrieg zu veranschaulichen. Unsere amtlichen Berichte sprachen nur von eroberten Plätzen und Linien. Aber unter welchen unsäglichen Schwierigkeiten sind diese Erfolge errungen worden! Die Nebenumstände, die Gelände- und Witterungshindernisse erheben diese Leistungen zu Taten, die die Bewunderung der Welt beanspruchen können. Die Geschichte dieses serbischen Krieges wird weniger von großen Gefechtsentscheidungen erfüllt sein als von der moralischen und technischen Überlegenheit, mit der das Gelände gemeistert wurde.

Schon die Donauübergänge waren Geniestreiche. Aber dieser breite, ungebärdig dahinjagende Strom muß noch lange nachher

Versteckte Stellungen in Maisfeldern und Weinbergen.

Rast bayrischer Truppen.

Straßenbild aus Kragujevac.

Ein heiteres Terzett.

Das zuverlässigste Fuhrwerk in Serbien.

Das beseitigte Hindernis.

Serbische Gefangene.

Biwak eines Gefangenen-Transportes.

Die Sintflut.

täglich aufs neue bezwungen werden. Durch des Moravatal pfeifen und schnauben die deutschen Lokomotiven. Wagen mit vertrauten heimatlichen Namen rollen durch das fremde Land. Ich weilte in den Novembertagen an der Ausgangsstelle. Ein Bayer war gerade mit Feuereifer dabei, seine Station betriebsfähig zu machen. Ein hochgelegenes Wasserreservoir war im Bau, das die Lokomotiven zu speisen hat. Auf eine hohe Mauer hatte er einige dickbauchige Weinfässer stellen lassen, in die aus einem Fluß das Wasser gepumpt wird. Auf die Tonnen wurde das Zeichen des Hofbräuhauses HB gemalt, wohl zur Erinnerung, daß solche gehaltvollen Fässer zu Hause eine edlere Bestimmung zu erfüllen haben. Ein Münchener salviert sich, wenn er so großen Mengen Wasser seine Fürsorge zuzuwenden hat. Die gegen Frost schützende Verkleidung, die der provisorische Wasserturm erhält, wurde nach sorgfältig entworfenen künstlerischen Plänen mit Fensterchen, Erkerchen und geschwungener Bedachung ausgestattet. Wenn es auch etwas mehr Arbeit macht, zur Zweckmäßigkeit gesellt sich die Freude am Stilgefühl. Ich traf den Hauptmann in einer von ihm errichteten Schmiede, in der Röhren geschweißt und gelötet wurden. Material und Werkzeug war unter allerhand Schwierigkeiten beschafft. Der Blasebalg fauchte in die Kohlen hinein, daß die Funken sprühten. Das Metall zischte. Er lachte, und die Zähne blinkten. Vielleicht war er früher technischer Beamter, saß irgendwo hinter Büchern auf einem Drehstuhl und lebte dem angeordneten Arbeitspensum. Hier hatte er sich seine eigene Welt aufgebaut, in der er mit der Freude und Kraft des frei Schaffenden wirkte. Sein Werk ist sein Leben geworden, und die Liebe zu seiner Schöpfung überträgt sich von ihm auf seine Leute.

Dieser tägliche frischfröhliche Kampf mit den Widrigkeiten, die Witterungsunbilden, Geländelaunen und feindliche Zerstörungstaktik dem Vormarsch entgegenstellen, beschäftigte in Serbien in überreichem Maße unsere Pioniere. Brücken wurden vom Hoch=

wasser weggerissen oder verbrannt, große Wegestrecken durch Überschwemmungen in Seen verwandelt. Künstliche Hindernisse mußten der Truppe aus dem Wege geräumt, schlammige Pfützen in Straßen mit festem Unterbau verwandelt werden. Und der Regen verwandelte den lehmigen, breiigen Boden in einen triefenden Schwamm. Hauptsächlich in den Niederungen des Moravatales. Dieser Fruchtbarkeit spendende Fluß, der Nil Serbiens, hat bei seinem Austritt aus dem engeren Gebirgstal etwa die Breite des unteren Inn. Er vereinigt in sich die Wasserabflüsse des regenreichen serbischen Mittel- und Hochgebirges. Da er die demokratische Freiheit des Landes genießt und nicht durch Dämme gebändigt wird, treibt er sich, besonders im Frühjahr, weithin in der Ebene, auch auf den Straßen und in den Siedelungen herum. Die beiden einzigen Verkehrswege, die in das Herz Serbiens führen und straßenähnliche Gebilde sein wollen, führen durch das Moravatal. Besonders schlimm aber ist es mit den Verbindungswegen bestellt, die von der einen Seite des Tales über den Fluß zu der anderen führen. Und diese Wege spielten bei den Operationen eine große Rolle. Dabei sind Überschwemmungen, wie sie unsere Truppen in Serbien erlebten, dort seit Jahren im Herbst nicht eingetreten. Wie gesagt, Petrus war sehr parteiisch.

Von Svilajnac führt eine Art Feldweg quer durch das Moravatal nach Markovac. Starke Truppenverbände mußten hier herüber. Tagelang bewegten sich wie eine Wanderung von Riesenschlangen die Kolonnen über den trotz des Spätherbstes noch immer saftig grünen Grasteppich des Tales. Die Holzbrücke über die Morava war eingeäschert. Die Pioniere an die Front! Ein Brückenschlag ist für sie ein Kinderspiel. Aber die Morava ist kein Fluß von kontinentaler Wohlerzogenheit. Man ging rasch ans Werk. Die schmalste Stelle wurde erkundet, aus Pontons und Behelfsmaterial eine schwimmende Brücke fertiggestellt, die Zu- und Abfahrt hergerichtet. Über Nacht wuchs der Fluß an

Wasser und Kraft. Er führte Holz und sonstige Beute mit sich, die er unterwegs aus den Ufern gerissen. Wassermühlen und Brückenreste schlugen sich Bahn. Das staute sich an den Kähnen, die Brücke barst und verlor sich talwärts. Die Arbeit mußte von neuem begonnen werden. Die Strömung hatte eine Geschwindigkeit von drei Metern in der Sekunde angenommen. Es war unmöglich, mit noch so kräftigen Ruderschlägen gegen diese dahinflutende Gewalt anzukämpfen. Mit großer Geschicklichkeit wurde eine Stelle ausgewählt, die gegen das antreibende Holz Schutz bot, die Verankerung der flußaufwärts ins Wasser gesetzten, abwärts treibenden Kähne erfolgte an dieser Stelle in neuer eigenartiger Weise. Drei Tage und drei Nächte arbeiteten die Pioniere, ohne sich eine Minute Ruhe zu gönnen. Das Wasser stieg unterdessen um zwei Meter. Immer aufs neue mußte die Brücke verbreitert werden. Es war ein Kampf mit einem sich reckenden, tobenden Riesen. Der Brückenschlag gelang immer wieder. Als er die Fesseln spürte, ließ seine Kraft nach. Das Wasser fiel ebenso rasch als es angeschwollen war. Das gab neue Arbeit. Die Pontons kamen auf Grund und mußten durch Böcke ersetzt werden. Durch öfteres Ausfahren von Brückenteilen wurde angeschwemmtem Holz Luft geschafft. Nur wenige Stunden hatte der reißende Fluß ein Hindernis gebildet.

Weit und breit im Tal aber stand noch das Stauwasser. Die Straßen waren lange Strecken hindurch in die metertiefen, gelblichen Fluten versunken. Die Kolonnen mußten vorwärts, durften sich dadurch nicht aufhalten lassen. Die Pferde plätscherten hinein, das Wasser ging ihnen bis an den Leib. Manche verloren die Wegrichtung unter den Füßen, gerieten abseits in einen Graben und fielen mit dem Wagen und seiner Ladung in die Untiefen. Die Fahrer flogen im Bogen in das kalte Bad, konnten sich aber wieder herauspatteln. Nicht immer aber gelang es, die erregten Pferde durch Taucherarbeit frei zu bekommen. An manchen

Stellen geleiteten Piloten die Fuhrwerke durch die Stauseen. Rechts und links des schmalen festen Untergrundes ragten Teile von umgestürzten Wagen und ertrunkenen Pferden aus der Wasserfläche. Mannschaften fischten, tief im Wasser stehend, mit langen Stangen ihre Tornister oder ihren sonstigen Wageninhalt aus der trüben Flut. Manchmal waren die Wege fast ganz unterspült, die Brücken zusammengeknickt. Überallhin wurden die Feuerwehren des Feldes, die Pioniere, alarmiert. Und nirgends konnte das feindliche Element einen längeren Aufenthalt verursachen. Was hier Jahrzehnte, Jahrhunderte lang versäumt worden war, wurde in raschem Zugreifen, mit zauberhafter Geschicklichkeit in kürzester Frist gutgemacht, das Zerstörungswerk des Hochwassers und der sonstigen Wetterunbilden ausgeglichen. Mit unfaßbarem Staunen mag die serbische Armee wahrgenommen haben, daß ihr durch allen Schlamm, alle Moräste, durch das weithin überschwemmte Moravatal die Armee Gallwitz mit unermüdlicher Stoßkraft und mit schwerstem Geschütz auf den Fersen folgte. Die Serben konnten auf die wochenlangen gewaltigen Regengüsse die größten Hoffnungen setzen. Auch dieser Verbündete hatte keine Hilfe geleistet. Unsere Truppen haben ihn mit froher Kampfeslaune und trotziger Tatkraft bezwungen.

Ein Kampftag.

Der dämmernde Tag grüßt die im Nebel dampfenden, weißbereiften Berge. Der Posten tritt in das Bauernhaus und weckt mit einem unsanften „Aufstehen!" die Schläfer aus dem Stroh und den Träumen. Mancher muß sich erst durch ein kurzes Besinnen in der fremden Welt wieder zurecht finden. Es wimmelt bunt und geräuschvoll in dem Gehöft. Der eine packt seinen Tornister und studiert das Problem der Raumausnützung. Der andere steht mit vom kalten Wasser gerötetem nacktem Oberkörper prustend und spritzend über die Waschschüssel gebeugt. Ein dritter hat einen kleinen Handspiegel am Fenster befestigt und rasiert sich so sorgsam, als sei heute sein Hochzeitstag. In der Mühsal und dem Schmutz dieses Feldlebens gilt das Unrasiertsein für ebenso unehrenhaft wie im Gesellschaftsleben zu Hause. Man wird selten einen ungepflegten deutschen Soldaten finden. Wieder ein anderer hockt vor den knisternden Holzscheiten am Kamin, trinkt seinen Kaffee und schmiert gelassen Schmalz auf das Brot, seines Tages erste Sorge ist das Frühstück. Seine Blicke halten das Bild fremdländischer Behausung fest, die weißgetünchten Wände, den sauberen Steinboden, den großen, offenen Kamin, die breite Holzlagerstätte mit den wollegefüllten Polstern darauf, das vergitterte Fenster, die wenigen Möbelstücke, meist nur Regale und niedere Bänke. Die offene Türe führt auf den gedeckten

Vorraum, den schmucken Altan mit den kleinen Säulen zwischen Brüstung und Dach. Alles in allem ein freundliches, reinliches Heim, gepflegt und wohlhabend. Manche Vorratskammer hier birgt Schätze an eingemachten Früchten, Honig, Speck, Fässer voll Landwein, Linnen, Bekleidungsstücke. Das ursprüngliche armselige serbische Bauernhaus findet man nur noch in wenigen Gegenden.

Kommandorufe ertönen durch den Morgen. Das Bataillon sammelt sich auf einem Maisfeld seitlich des Dorfes. Und aufs neue empfangen die deutschen Kämpfer die Weihe dieses schönen Landes. Weithin zieht sich, von Tälern unterbrochen, Bergland hin, in der Ferne umrahmt wie eine Alpenkulisse zackiges Hochgebirge das liebliche Landschaftsbild. Das golddurchwirkte Braun der Wälder liegt im zarten Hauch der Frühsonne. Auf den Feldern und Wiesen schwindet der Nebel. Die Täler entschleiern sich. Über die grünen Hänge sind die weißen Häuser ausgestreut. Fast jede Mulde ist von leuchtenden stattlichen Dörfern belebt. Es ist ein Gemälde der Anmut und der Fruchtbarkeit. Der Weckruf der Hähne schmettert durch die Täler. Er begann in diesem Lande des Federviehs neulich so frühzeitig, so vielstimmig und so kriegerisch, daß er von einem Posten für Hurrageschrei anstürmender Serben gehalten wurde. Es liegt eine wundersame Stimmung auf diesen Bergen. Man vergißt den Krieg und die Händel der Welt. Man möchte hier im Frieden wandern und im frohen Genuß der Farben und Linien die reizvolle Natur genießen, die für die Beschwernisse der Wege, den Ernst der Gefechte so reich entschädigt.

Die Feldwache, die in ein Gehöft an der Straße dem Feinde zu gelegen, vorgeschoben war, ist zur Kompanie zurückgekehrt, der nächtliche Patrouillengang zur Feldwache der Nachbarkompanie ist eingezogen. Die Kompanieführer sind beim Bataillonsstab versammelt. Sie erhalten den Geländeabschnitt des Tages

Ein Kampftag.

zugeteilt. Der Bataillonsverband löst sich auf. Die Kompanien ziehen sich in Schützenlinien auseinander. Patrouillen gehen voraus und tasten nach dem Feind. Die anderen folgen wie eine sich vorwärtsbewegende eherne Mauer, wandernde Grenzpfähle, die das Machtgebiet täglich um ein Dutzend Kilometer und mehr erweitern. Die Lücken werden durch Seitenpatrouillen gesichert. Die in Abständen folgenden Reserven können jederzeit an bedrohten Stellen eingesetzt werden. Mit dem Gewehr unter dem Arm arbeiten sich die Schützen durch das gebirgige Gelände, durch die sumpfigen Talgründe, die lehmigen Felder, durch Buschwerk und Siedelungen, an felsigen Hängen hinauf, unwegsame Abgründe hinab. Jeder kennt seinen Weg, jeder hat seine Tagesaufgabe. Jeder ist ein notwendiges, nützliches Glied des eisernen Ringes, der sich immer enger um die feindliche Streitmacht zieht, von einer Stelle durch einen einheitlichen Gedanken und Willen bewegt und dem Endziel zugeführt.

Im Vorgelände fallen Schüsse. Die Patrouillen haben Feuer erhalten. Der Vormarsch stockt. Streifabteilungen erkunden den genauen Ort und die Stärke der feindlichen Stellung und gehen in Deckung. Die Artillerie wird benachrichtigt. Bald pfeifen schwere Geschosse durch die Luft. Wir verfolgen die Einschläge durch das Glas und wünschen dem Feinde — daß er uns Platz macht. Er kraucht im Buschwerk herum. Die Beobachtung ist erschwert, aber wir können uns in seine Lage versetzen, und das beruhigt uns. Eine Mischung von Granaten und Schrapnells verträgt auch der Stärkste nicht. Die Schmutzkegel spritzen empor, die Schrapnellkugeln peitschen das Gelände. Der Gegner ist verstummt. Die Infanterie geht in Sprüngen, zeitweise kriechend, an die serbische Stellung heran. Die Artillerie verlegt das Feuer. In entschiedenem Ansturm sind die feindlichen Gräben genommen. Unter schweren Verlusten hat sich der Gegner verflüchtigt.

Es ist Mittag geworden. Der Vormarsch wird fortgesetzt. Die

Schützenlinie nähert sich einem Dorf. Da kracht es aus Häusern und Gärten. Ohne Erfolg, wie in der Regel; denn die Serben treffen nur gut auf nahe Entfernung. Unsere Infanterie geht in Deckung und wühlt sich im Bogen um die Häuser, um das feindliche Nest zu umzingeln. Maschinengewehre flankieren den Ausgang. Ein serbischer Trupp zieht, bevor die Umkreisung beendet ist, in Eile rückwärts ab. Mit langen Beinen huschen die Gestalten in die dahinterliegende Mulde. Die Geschosse unserer Artillerie folgen polternd ihren Spuren. Das Infanteriefeuer aus dem Dorf hält in gleicher Stärke an. Wir sind in freudiger Erwartung, einen guten Fang zu machen. Feindliche Schützen sind nicht zu sehen. Aber es knallt und surrt um die Ohren. Auf einer Seite sind unsere Musketiere schon in den Häusern. Das Feuer im Dorf verstummt. Wir stürmen durch die Straßen und durchsuchen die Gehöfte. Frauen und Kinder stehen vor den Türen wie harmlose neugierige Zuschauer, andere sitzen gleichmütig mit gekreuzten Beinen am Kamin. An den Häusern flattern weiße Friedensfahnen. Nach und nach tauchen auch Männer auf. Sie kommen aus dem Stall, von der Tenne und wissen von nichts. „Zum Donnerwetter, wer hat hier geschossen?" Man zuckt die Achseln. Zehn serbische Soldaten werden aus den Verstecken hervorgeholt. „Sind das alle?" Man beteuert es. Ein Streifzug durch sämtliche Gehöfte bestätigt die Richtigkeit. Wir halten den Einwohnern vor, daß sie sich am Kampfe beteiligt haben. Sie leugnen es mit lebhaften Gesten. „Das ist garnicht anders möglich. Aus dem Dorfe haben bis zuletzt 50 bis 100 Gewehre geschossen!" Unsere Soldaten bringen Flinten aller Art aus den Häusern. „Hier ist der Beweis!" Man behauptet, die fliehenden Soldaten hätten diese Gewehre in den Häusern zurückgelassen. Wir glauben es nicht. Die Einwohnerschaft hat nach Kriegsrecht das Leben verwirkt. Aber wir können die eigentlich Schuldigen nicht fassen. Das peinliche Rechtsgefühl siegt über das Utilitäts=

Deutsch-österreichisch-bulgarische Verbrüderung.

Bulgarische Brückenwache.

Die Furt.

Straßenbild aus Krusevac, serbische Gefangene ziehen vorüber.

prinzip abschreckender Bestrafung der Gesamtheit. Es liegt hier Methode vor. Wenn die Serben ein Dorf räumen, lassen sie etwa zehn ihrer Soldaten zurück, die das Feuer fortzusetzen haben, bis das Gros abgezogen ist. Um uns den Rückzug zu verheimlichen, werden Einwohner veranlaßt, sich an der Verteidigung des Dorfes zu beteiligen, damit eine Abnahme der Feuerstärke nicht wahrnehmbar ist. Die Soldaten geben sich dann gefangen, die an der Schießerei beteiligten Dorfbewohner tauchen in ihren Gehöften unter und können nicht immer mit Bestimmtheit ermittelt werden.

Der Streifzug durch das Land wird fortgesetzt. Gegen Abend kommen wir mit den Serben wieder in Fühlung. Aber es entspinnen sich keine Gefechte mehr. Die Wachen ziehen auf, die Patrouillen spähen in die Dämmerung. Die Kompanie ist in Ruhestellung übergegangen. Die Feldküche dampft und zischt wie eine Lokomotive. Die Mannschaften treten in Reihen an, der Koch gibt jedem ein großes Stück Fleisch und Suppe in das Geschirr, der Trinkbecher wird mit Tee und Rum gefüllt. An gut gedeckten Plätzen werden kleine Lagerfeuer angezündet. Hier streckt man sich in der behaglichen Wärme, holt sein Pfeifchen hervor, singt leise oder plaudert. Das rote flackernde Feuer knart und knurrt. Kunstvoll wird das Scheiterholz geschichtet. Die Flamme tanzt auf und nieder. Frohe, leuchtende Farben pinselt ihre behende Künstlerhand in die Gesichter der Umliegenden, deren Gestalten in der Ferne nur in ihren Schattenrissen sichtbar sind. Rings taucht die Umgebung in Nacht und Nebel unter. Durch den Dunst und die lichte Lohe schimmert über den Köpfen die Sternenbotschaft der Ewigkeit.

Zusammenfassend kann man den serbischen Widerstand dahin beurteilen: Er war an der Donau und in den nachfolgenden Gefechten tapfer und zäh. Unsere Truppen hatten in dieser Zeit schwere Arbeit. Das unablässige Nachdrängen aber, das dem

Feinde keinen Tag, ja kaum eine Stunde Ruhe ließ, hat die serbische Armee zunehmend zermürbt, ihre rückwärtige Organisation in Auflösung gebracht. Aus den täglichen hartnäckigen Kämpfen von Stellung zu Stellung entwickelte sich ein unaufhaltsamer, nur durch Nachhutgefechte gedeckter Rückzug. Der serbische Soldat ist tapfer und aufopferungsmutig, aber er ist durch die vierjährige Kriegszeit, in der sich Serbien befindet, völlig erschöpft. Er hat zudem nicht die zusammengeraffte Disziplin und Ausbildung, wie sie unseren Soldaten eigen ist; denn von der vorgeschriebenen zweijährigen Dienstzeit verbringt er aus landwirtschaftlichen Gründen in der Regel nur ein Jahr in der Truppe. Auch ein starker moralischer Antrieb zum Kampf kam in Wegfall, als die serbischen Soldaten erfuhren, daß das von den verbündeten Truppen besetzte Land unbehelligt blieb, daß ihr Haus und Hof, das Leben ihrer Familie, für das sie hauptsächlich sich einsetzten, erhalten war. Alles andere war ihnen gleichgültiger, für nationale Begriffe oder Dynastien zu kämpfen, dafür waren sie zu kriegsmüde. Und immer wieder hörten wir von den Gefangenen, daß sie einen ungeheuern Respekt vor den Deutschen haben, die den Franzosen und Engländern standhalten und die große russische Armee geschlagen haben. Unsere Artillerie vermögen sie nicht auszuhalten, und vor unseren zustürmenden Bajonetten reißen sie fast immer aus. Die deutschen Flieger sind mit dem Teufel im Bunde, sagen sie, wenn unsere Apparate im wildesten Wetter in ihre Schlupfwinkel spähen. Ihre Bewaffnung und Ausrüstung ist bei der ersten und zweiten Linie gut, wenn auch aus allen Vierverbandsländern flitterhaft zusammengepumpt, bei der Landwehr völlig mangelhaft. Die Gewehre reichen hier nicht aus; die vorhanden sind, sind älteste Konstruktionen; Bajonette fehlen zumeist. Die serbische Artillerie hat sich wenig bemerkbar gemacht. Sie schoß sparsam und wurde jeweils sehr frühzeitig zurückgezogen. Offenbar schonte man sie für die Zeit des vereinigten Vorgehens mit den Vierverbands=

truppen. Und nun ging sie ihnen in den eroberten Städten
großenteils verloren. Auch die großkalibrigen fremden Schiffs=
geschütze, die an verschiedenen Stellen der Donau aufgestellt waren,
haben wenig erreicht. Die sonstigen Kriegsvorräte waren, nach
den bisherigen Funden in Kragujevac und Krusevac zu schließen,
reichlich beschafft und für längere Zeit ausreichend. Mit einem
so raschen Zusammenbruch hat man nirgends gerechnet. Manche
Regimenter hatten nach den Kämpfen an der Donau kaum mehr
ein ernsthaftes Gefecht zu bestehen. Nur Marschleistungen wurden
von ihnen gefordert, die allerdings durch die schlechten serbischen
Wege zu außerordentlichen Strapazen wurden. Ihre Verluste
waren, da Verletzungen durch die serbische Artillerie selten vor=
kamen, sehr gering. Andere Regimenter hatten einen hartnäckigen
Feind vor sich. Besonders die Verbände, die das Hochgebirge
östlich der Morava von dem Gegner zu säubern hatten, waren
hart mitgenommen. Dort war auch serbische Artillerie noch sehr
rührig. Täglich im Kampfe bergaufwärts, ohne Dorfunterkünfte,
von sieben Tagen sechs nächtliche Quartiere im Freien bei Regen
und Nebel, aber trotzdem täglich unaufhaltsam vorwärts! Wie
durch einen von einer Zentralstelle geleiteten mechanischen Druck
wurde das Gebiet der serbischen Armee zusammengepreßt.

Ein Marschtag.

Die Straße von Kragujevac nach Krusevac ist etwa 80 Kilometer lang. Sie klettert wie eine Berg= und Talbahn ruhelos zwischen Höhen von 300 bis 500 Meter auf und nieder. Man sieht es der schlammigen, zerfurchten Straße nicht an, daß sie eine der Hauptverkehrsadern des Landes darstellt. Was an ihr noch Gutes war, das haben Tausende von Rädern zermahlen, Abertausende von Pferde=, Ochsen= und Büffelfüßen zerstampft. 80 Kilometer lang ist die Straße, und 80 Kilometer lang waren die Kolonnen, die auf ihr ein Vorwärtskommen suchten, eine hinter der andern, da kam keine Lücke auf. Wenn je im Laufe der Jahrtausende eine Völkerwanderung über diese Straße gezogen ist, sie kann kein bunteres und gewaltigeres Aussehen gehabt haben. Nun ist der Kampf in die Ferne getaucht, neue bequemere Verbindungswege dorthin sind frei geworden, die Gebirgsstraße entleert sich langsam, die ländliche Stille kehrt zurück.

Es ist keine Übertreibung, wenn gesagt wird, die Kolonnen haben im serbischen Feldzug die schwerste Arbeit zu leisten gehabt. Und die Pferde haben einen verlustreichen Anteil daran. Selten hat eine Heeresstraße aber auch ein farbigeres und fesselnderes Bild geboten. Dragoner und Ulanen mit den flatternden Fähnlein traben auf den Feldern neben der Straße einher. Infanterie schlängelt sich über die einigermaßen festen Stellen der Straße vorwärts, vornübergebeugt vom Tornister, Erdklumpen an den Stiefeln, aber immer froh genug gelaunt, dem Kampf mit dem Dreck und dem Teufel die heitere Seite abzugewinnen. Über Wasserlachen, Schlammbäder, Lehmstollen hat sich eine ganze Volks= poesie gebildet. Ein Achtgespann schwerer Halbblüter zieht ein schweres Geschütz hinter sich her. Es sind gutgenährte starkknochige Pferde. Sie nicken beim Vorwärtsschreiten, die plumpen Füße mit den Haarbüscheln am Knöchel arbeiten wie eine Maschine, die Hinterschenkel sind straff von dem anstrengenden Zug. Lustige Burschen sitzen auf den massigen Rössern. Sie achten auf jeden ihrer Schritte, reden ihnen gut zu, manchmal mit derben Scherz= worten, und erheben ein wildes Geschrei, wenn eine starke Stei= gung genommen werden muß. Einem wuchert von der Nase ab= wärts üppiger Bart. Hätte er nicht eine Pfeife zwischen den Zähnen, man möchte bezweifeln, daß er so etwas wie einen Mund hat. Die breiten eisernen Räder des Geschützes mahlen knirschend durch den nassen Sand. Sie ziehen tiefe Rinnen, als wolle sich die Straße unter ihrem Schwergewicht spalten. Es folgen weitere Geschütze und Munitionswagen. Man sieht ihnen an, sie werden sorgsam gepflegt, sie werden unsere Infanterie nicht im Stiche lassen. Dicht hinter ihnen arbeitet sich eine Verpflegungskolonne an die Front. Der Führer reitet voran. Es sind ungarische Bauernwagen, mit gitterartigen Seitenwänden, leicht und doch kräftig genug, meist von drei nebeneinander gespannten kleinen bosnischen Pferden gezogen. Rothosige Honvedhusaren führen die Zügel. Die Kolonne stockt. Die Fahrer stecken die Köpfe aus den Zelttüchern, die den Wagen decken. Die struppigen, pony= artigen Bosnier scharren mit den Füßen und beschnuppern den Boden. Sie sind zäh und anspruchslos, wenn sie nichts zu beißen haben, aber dabei immer gefräßig. Es folgt der Wagenpark einer Pionierkompanie: mittelgroße, massive graue Kastenwagen mit deutschen Pferden. Man sieht ihnen die Unrast und die Strapazen an. Ihr getreuen Kameraden, in welchen Ländern mögt ihr euch schon herumgetrieben haben! Die meisten gehen resigniert ihres Weges, aber es gibt noch Temperamentvolle darunter, die tänzelnd sich ins Geschirr werfen. Sie werden an ihrem Übermut eines Tages zu Grunde gehen. Von Zeit zu Zeit sieht man ein totes Pferd im Graben liegen, müde hingestreckt, viele davon von den Serben zurückgelassen. Todwunde Pferde, die vom Verschlag befallen oder deren Hufe abgelaufen sind, stehen mit gesenktem Hals abseits im Feld und erwarten den Gnadenschuß. Die Pferdestaffel eines höheren Stabes reitet vorüber, rassige, nervöse Tiere, schmuck wie für die Parade, mit edler Kopfhaltung und ungeduldigen, feingelenkigen Füßen. Ein weiterer Troß wälzt sich daher. Weithin schallen die langgezogenen klageartigen Laute, mit denen er vorwärtsgetrieben wird. Dunkle Büffel, das Joch auf dem eisenharten Nacken, schleppen in ruhigem, gleichmäßigem Schritt schwerbeladene Wagen. Sie schauen stumpf vor sich hin, und ich kann mir nicht denken, daß das unaufhörliche Geschrei der Fuhrleute auf sie großen Eindruck macht. Sind sie müde, so legen sie sich, wo sie gerade halten. Dann kann man sie nicht mehr zum Aufstehen bringen, und wenn man eine Kanone an ihrem Ohr vorbei abschießt. Zuverlässiger sind die Ochsengespanne. Diese großen langhörnigen Tiere gehen mit schwerster Last in ihrem wiegenden abgemessenen Gang steile Hänge hinauf. Sie leisten in diesem Gelände die wertvollsten Dienste. Allerhand gemietete Bauern in bunten Kostümen, hohen Pelzmützen schwingen drohend die Peitsche. Diese militärischen Kolonnen gleichen mehr Völkerkarawanen. Wieder trippeln kleine Pferdchen vorbei. Es ist eine Gebirgs-Maschinengewehr-Abteilung. Die Gewehre, die Lafetten, die Munition, das Werkzeug, die Bagage sind den Rücken der Tiere aufgepackt. Die Abteilung hat kein Gefährt, ist somit auf keine Straße angewiesen und kann sich nach Belieben im Gelände bewegen. Es gibt auch Abteilungen, die auf diese Weise Gebirgsgeschütze, von Pferden frei getragen, auf unwegsamstem Boden fortschaffen können. Weitere Kolonnen schließen sich an, vierbespannte lange, flache Wagen mit Pontons darauf, die Brückentrains, eine Telefunkenstation folgt, ein Scheinwerferzug, eine Batterie mittlerer Geschütze, eine Munitionskolonne, ein Wagenpark mit Feldpost, Infanterie, die Bagage eines Generalkommandos, eine Bäckerkolonne. Es rollt und stampft, 80 Kilometer lang ohne eine Lücke. Jeder auf seiner Straßenseite in musterhafter Ordnung. Die Bauern in den Dörfern gaffen und staunen. Einen so großartigen Festzug hätte ihr Hirn sich nie auszumalen vermocht.

Die Fahrt auf dieser Straße ist abwechslungsreich durch die Reize der Landschaft, die Lieblichkeit mit Romantik vereinigt, wie durch die dramatischen Spannungen, die die sich entgegenstellenden Hindernisse in immer neuen Formen erwecken. Unser Wagen, ein leichtes Gefährt mit starken Pferden, ist über und über mit Schmutz bedeckt. Der Lehm ist vom Regen der letzten Tage tief aufgeweicht, aber nun im langsamen Trocknen zäh und klebrig wie dickflüssiger Gummi. Er setzt sich zwischen den Speichen fest, daß sie wie Scheibenräder dahinrollen, er hängt zentnerschwer an den Wagenteilen. Die Pferde versinken in dem festen Brei. Bei jedem Schritt muß der Fuß mit Gewalt herausgezogen werden. Mancher Infanteristenstiefel ist hier rettungslos versunken. Der Weg führt durch eine Schlucht, ein steiler Hohlweg steigt aus ihr auf die Höhe. Hier geht die Straße in völlige Auflösung über. Das Wasser hat tiefe Spalten und Löcher gegraben, der Lehm ist noch zäher und unerforschlich tief. Der Wagen stockt. Er wird von allem Gepäck befreit. Die Pferde haben Mühe, ihre Beine aus dem Kot herauszubekommen. Wir schieben und ziehen mit den Pferden um die Wette. Auf einem festen Boden hätte ein kleines Kind den leichten Wagen vorwärts gebracht. Wir stemmen uns gegen die Erde und haben das Gefühl, als ziehe sie uns samt dem Wagen in die Untiefe ihres weichen Bettes.

Serbische Überläufer gehen wie Sonntagsspaziergänger des Weges einher. Sie sehen unsere Not, springen willig herbei und helfen, den Wagen auf ein nebenliegendes Feld zu schieben, auf dem er sich leichter vorwärts bewegt. Wir hören hinter uns aufmunternde Rufe an Pferde, die in ein wahres Indianergeheul ausarten. Es hilft nichts, die Kolonne sitzt fest wie angeschraubt. Sie wird entladen. Der Inhalt wird mit unsäglicher Mühe über die besonders schlimme Stelle hinweggetragen. Jeder Wagen wird mit einem größeren Vorspann einzeln hindurchgezogen. Dahinter folgt ein noch schwererer Troß. Er hält an der Seite und wartet, bis die herbeigerufenen Pioniere einen Knüppeldamm geschlagen haben.

Wieder kommen wir in eine Talsenkung. Sie ist geräumig und von einem breiten, reißenden Bach durchströmt, an dem ein Dörschen liegt. Die Holzbrücke, die über das Wasser führte, ist verbrannt. Ihre Wiederherstellung und eine zweite Behelfsbrücke ist in Angriff genommen. Aber es kann Abend werden, bis die Arbeit beendet ist. So lange können die Kolonnen nicht warten. Es wird eine Furt gesucht, mit Bohlen ein Anfahrtsweg zu ihr gelegt. Und nun kein Zögern, hinein in das meterhohe Wasser und hindurch zum anderen Ufer, wo die Straße weiterführt. Mit scheuen, ängstlichen Blicken sehen die Pferde die unergründlichen Wellen vor sich. Manche schreiten ohne Zögern hinein, andere sperren sich, bäumen sich auf, daß der Wagen knackt und das Geschirr klirrt. Ein Peitschenhieb und ein scharfer Zuruf bringt sie zum Gehorsam. Sie platschen in die kalte Flut. Nun kippt auch der schwere Wagen hinein. Das Wasser spritzt und schäumt weithin. Es ist eine Feldküche, der Feuerherd erlischt unter Zischen und Dampfen. Das gelenkige Gefährt kommt gut hindurch. Aufregender gestaltet sich die Durchfahrt der folgenden schweren Packwagen. Unter dem „Hojo" der Fahrer und der Umstehenden werden die Pferde in das Wasser getrieben oder geführt. Einige Mitfahrer sind oben auf dem Wagen geblieben und klammern sich in fester Umarmung der gut verstauten Ladung an das schwankende Schiff. Bei einem Wagen bricht die Deichsel. Der abgebrochene Mast schaut in die Luft und schlägt beim Weiterfahren auf den Rücken der Pferde. Nur mit größter Mühe kann der Fahrer die aufgeregten, wild aufspringenden Tiere vor Unheil bewahren. Mannschaften stürzen in das Wasser, um den Wagen gegen ein Umkippen zu stützen, die Munitionsladung vor dem Verderben zu retten, die Pferde an das Ufer zu führen. Ein schwerbepacktes Pferd gerät in eine tiefe Stelle, schlägt um und schwimmt ab. Es wird noch am Zügel erhascht, im Wasser rasch entladen und wieder auf die Beine gebracht. Am geduldigsten gehen die Ochsengespanne durch die Furt. Sie glauben, sie werden zur Tränke geführt und beginnen zu saufen. Eine sanfte Belehrung mit dem Stock klärt sie über ihren Irrtum auf. Es ist ein dramatisch bewegtes, malerisches Bild. Am Ufer lagern in großen Scharen serbische Gefangene. Einer von ihnen sagt: Hier wird anders gearbeitet als bei uns. Auf einer Anhöhe steht der kommandierende General Exzellenz v. L. mit seinem Generalstab. Das frisch fröhliche Treiben und Drängen nach vorwärts ist ganz nach seinem Herzen. Sein lauthin schallender Gruß an die vorbeiziehenden Kompanien wird von diesen mit Begeisterung erwidert. Mit der gewohnten meisterhaften Behendigkeit der Pioniere ist die Behelfsbrücke in wenigen Stunden fertiggestellt.

An einem sonnenhellen Novembermorgen nähern wir uns dem Tal der westlichen Morava, der Stadt Krusevac, um die noch gestern gekämpft wurde. Die Luft ist warm und lind wie an einem Frühlingstag. Sonst liegt im November Schnee auf den Bergen und in den Tälern. Die stattlichen weißen Bauernhäuser liegen anmutig im Herbstlaub gebettet. Die schönen Blumengärten werden von Schmetterlingen umspielt. Wie eine farbenbunte, summende und surrende Völkerwanderung zieht der Troß der Karawanen durch die Dorfstraße, während drüben auf dem andern Ufer eine Abordnung der Bürger die Stadt Kragujevac der Gnade des Siegers übergibt. Würden nicht die hohen Wände des Gebirgszuges im Südwesten Kanonendonner und Maschinengewehrfeuer widerhallen, man könnte glauben, einem pomphaften historischen Volksschauspiel aus dem Mittelalter beizuwohnen. Freilich, welcher Dichter und Regisseur könnte der Wirklichkeit diese Bilder nachschaffen!

Der serbische Bauer.

Unsere Feldgrauen durchstreifen das sagenumwobene serbische Land nicht nur mit den Waffen des Kämpfenden, sondern auch mit den Augen des Schauenden, dem Verstande des Prüfenden, Lernenden. Immer wieder tritt ihnen die problematische Gestalt des serbischen Bauern entgegen, dem eine verschwenderische Natur eine wohlhabende Siedelung schenkte und dem der Kopf voll politischer Gespinste steckt.

Er ist von mittlerem Wuchse, sehnig, ausdauernd und anspruchslos. Der schwarzhaarige Kopf und die bräunliche Hautfarbe lassen ihn finsterer erscheinen, als er in Wirklichkeit ist. In dem zumeist edel geschnittenen Gesicht sind ein Paar muntere, kluge Augen, die Nase ist schmal, vielfach leicht gebogen. Die Befreiung von der türkischen Oberhoheit ist noch jungen Datums. Das serbische Volk ist daher mitten in der Entwicklung neuer eigener nationaler Gestaltung. Die Fortschritte auf wirtschaftlichem und kulturellem Gebiet während der letzten Jahrzehnte waren erheblich. Dem serbischen Landwirt steckt die orientalische Trägheit in den Knochen. Er ist nicht gerade faul, aber auch nicht mehr tätig, als zur Bestellung seiner Wirtschaft erforderlich ist. Die Fruchtbarkeit des Bodens kommt dieser Arbeitsgenügsamkeit entgegen. Er braucht nicht zu düngen, den Boden zu pflegen, es wächst ihm alles leicht und reichlich zu.

Das ländliche Gemeinwesen ist ein Muster der Demokratie. Die Dorfschulzen werden von den Dorfbewohnern ernannt und sind nur ihren Wählern verantwortlich. Die Präfekten, die Landräte, haben ihnen gegenüber wenig Machtbefugnis. Die Demokratie artet daher in eine Art staatlicher Anarchie aus, die von den Parteigewaltigen ausgenützt wird. Die großen Geldmittel, die der russophilen radikalen Partei zur Verfügung standen, gaben ihr die Möglichkeit, sich die Dorfschulzen gefügig zu machen und durch deren Einfluß das Land in ihre Gewalt zu bekommen. Die weitgehenden staatsbürgerlichen Rechte hielten die Politik im Dorfe lebendig. So kam es, daß der serbische Bauer mehr Zeit auf politische Erörterungen als auf die landwirtschaftliche Arbeit verwandte. Das Wirtshaus ist sein Lieblingsaufenthalt, freilich wird da nur Kaffee getrunken oder gar nichts genommen. Der Serbe neigt nicht zu alkoholischen Ausschreitungen, er macht sich durch Worte trunken.

Dem serbischen Volke wohnt bei aller Weltfremdheit eine natürliche Intelligenz inne. Es beugt sich willig dem Begabteren, geistig Überlegenen, dem hierzulande jede Laufbahn offen steht. Es weiß, daß der Staat von solchen aufstrebenden Köpfen nur Vorteil haben kann und bringt ihnen ehrerbietig dankbare Achtung entgegen. Es hat einen kritischen Sinn für Gerechtigkeit. Der geradezu krankhafte Unabhängigkeitssinn wirkt einer straffen staatlichen Zusammenfassung entgegen. Die Volksbildung ist gering. Die allgemeine Schulpflicht steckt jeden Bürger vom 7. bis 11. Lebensjahr in die recht stattlichen Schulgebäude, aber das dort Erlernte ist rasch vergessen, sodaß etwa 87 Prozent der Bevölkerung in einem analphabeten-ähnlichen Zustand leben. Die leichte Auffassungsgabe des Volkes zeigt sich auch in seinem Mutterwitz. Das Christentum ist hier mehr an der Schale der Kultusgebräuche haften geblieben. Es herrschen vielfach noch die Sitten und Anschauungen der heidnischen Vorzeit. Weit verbreitet ist der Aber=

glaube, der während der türkischen Herrschaft orientalische Beigaben erhielt. Der Serbe ist gläubig, aber nicht bigott. Seine Toleranz in konfessionellen Dingen entspringt seiner kirchlichen Lauheit. Der (griechisch-katholische) Geistliche nimmt eine untergeordnete Stellung ein. Er wurde bisher nicht vom Staat angestellt, sondern für seine kirchlichen Handlungen im Einzelfall von den Bürgern bezahlt. Naturgemäß litt sein und der Kirche Ansehen unter dieser wirtschaftlichen Hörigkeit. Die Gottesdienste werden wenig besucht. Während der heiligen Handlung bilden sich Gruppen in der Kirche, die sich laut und lärmend über Politik und Gemeindefragen unterhalten. Die Gottgläubigkeit hat hier wenig Verständnis für Zeremonien. Alle, die das Volk aus jahrelanger Beobachtung kennen, schildern es als gutmütig. Auch die österreichischen Internierten, die seit Kriegsbeginn im Landesinnern festgehalten waren, bestätigen mir das. Der Wanderer und Reisende findet in jedem Hause willige Aufnahme und aufmerksame Bewirtung. „Gast im Hause, Gott im Hause", sagt ein serbisches Sprichwort. Es kennzeichnet, wie heilig diesem Volke die Gastfreundschaft ist.

Das bäuerliche Familienleben ist durch Sittenstrenge und die Allgewalt der väterlichen Zucht in festen Gesetzen gehalten. Wenn ein Mann in das Haus kommt, stehen alle auf. Die Jüngeren schweigen, wenn die Älteren sprechen. Der Sohn raucht nicht in Gegenwart des Vaters. Vor Einkäufen findet eine Familienberatung statt, bei der das Oberhaupt seine Entscheidung abgibt. Die Hausindustrie wird gepflegt, die Leinwand zu Hause gewoben, die Wolle gesponnen und gefärbt. Dabei zeigt sich viel natürlicher Kunstsinn. Die Bäuerin steht im Sommer morgens um 3 Uhr auf, bäckt zunächst Brot, bindet sich dann ihren Säugling auf den Rücken und geht singend auf das Feld zur Hackarbeit. Auf ihr lastet die Hauptarbeit des Hofes. Der Mann verrichtet nur die gröberen Dienste, Holzhacken, Pflügen. Die Frau, die vielfach für intelligenter gilt als der serbische Mann, steht mit ihm gesellschaftlich nicht auf der gleichen Stufe. Kommt Besuch, so trägt sie nur die Speisen zu, darf sich aber nicht zu Tisch setzen, nicht einmal die Braut an den Hochzeitstisch. Sie muß ihren Bräutigam da erwarten, wo er sie hingestellt hat. Das Mädchen wird gekauft, erhält keine Mitgift, sondern vom Vater des Bräutigams ein Geschenk. Es ist die gemilderte Form des alten Frauenraubes. Freilich, eine Frau, die ihrem Mann an Willen und Geist überlegen ist, hat auch in Serbien über alle Sitten hinweg zu Hause „die Hosen an."

Die Mehrzahl der Städter lebt von der Ausbeutung der Bauern. Die Herren, die großserbische Politik trieben, haben es immer verstanden, sich selbst groß zu machen. Die sechs Siebentel der Bevölkerung, die in Serbien auf dem Lande leben, mußten mit ihrer ergiebigen Landwirtschaft die Mittel dazu schaffen helfen; sie wurden mit Redensarten und großen Plänen umgaukelt, aber im übrigen in ihrer geistigen und materiellen Bedürftigkeit belassen. In der Stadt finden wir die gegensätzlichen Eigenschaften der bäuerlichen Tugenden, Sittenlosigkeit, Überhebung, Wohlleben, krassen Eigennutz. Kommt der Bauer in die Stadt, so hängt man ihm allerlei Ware an. Kann er sie nicht bezahlen, wird ihm bereitwilligst Kredit gewährt. Für eine Schuld von 20 Franken muß er einen Schuldschein über 100 Franken unterschreiben. Kann er nach Ablauf der Frist von drei Monaten ihn nicht einlösen, so wird er gegen eine neue Obligation von 200 Franken um weitere drei Monate verlängert. Wucherzinsen von 250 Prozent sind nichts Ungewöhnliches. Auf diese Weise wird der Bauer durch die Städter verarmt. Um ihn vor dem völligen Verlust seines Hab und Gutes zu bewahren, wurde ein serbisches Gesetz geschaffen, das dem Bauern sein Haus und das darumliegende Land in Mindestgröße eines Hektars, sowie den Pflug, die landwirtschaftlichen Geräte und ein paar Ochsen gegen Verpfändung schützt. Kein Schuldschein, kein Gläubiger, auch nicht der Steuerein=

treibende Staat, kann dem Bauern dieses Fideikommiß wegnehmen. Dieses durchgreifende Gesetz war von den segensreichsten Folgen. Es machte den Bauer bodenständig, verwurzelte ihn mit seiner Scholle. Er verwuchs innerlich und äußerlich mit seinem Land, seiner Heimat; denn, mochte kommen was wolle, er hat ein Stück Erde, das ihn ernährt und beherbergt, das ihm niemand wegnehmen kann. Wir hören von den Gefangenen und Überläufern immer wieder als innigsten Wunsch die Frage, ob sie zu ihrem heimatlichen Hof zurückkehren dürfen, um in Ruhe und Frieden der fruchtbaren Erde zu dienen. Freilich, das ist das Ruhebedürfnis der Todmüden, der Besiegten, die früher den Frieden nie lange ertrugen und nach einer Zeit der Erholung ihre kriegerische Eroberungslust wiedergewännen, wenn ihnen dazu die Möglichkeit geboten würde.

Städtebilder.

Bei einem Exminister.

Nach langem Suchen hatte ich das Haus gefunden. Über Hintertreppen wurde ich in eine Stube geführt, die mit Betten und Möbeln vollgestellt war. Ein älterer Herr erschien und entschuldigte sich:

„Wir leben hier im Exil und sind bei Freunden untergebracht."

Er zeigte auf die Betten, „wir Serben führen jetzt ein Zigeunerleben."

Wir setzten uns, und ich betrachtete sein Gesicht. Es hatte den schmalen, feinen Schnitt dieses Volkes. Die Nase war kräftig geformt und leicht geschwungen. Aus den lebhaften Augen sprach Klugheit, zuweilen aber auch lauernde List. Ein Mann aus dem Volke, sein Bruder ist Schlossermeister. Es gibt in diesem Lande ein ganzes Heer von Exministern, aber mein Gegenüber kann von sich sagen, daß er keine der Eintagserscheinungen ist. Er hat neunmal die Staatsfinanzen verwaltet und während seiner Amtszeit wichtige Verträge abgeschlossen. Er hat in Deutschland studiert und ist alter Herr einer Berliner Studentenverbindung. „Chassepot" hieß er mit seinem Kneipnamen. Als der Krieg 1870/71 die Überlegenheit des Zündnadelgewehrs erwies, bat er

Die Geschützbeute in Nisch.

Die Festungswälle von Nisch.

Nischer Triumphbogen beim Einzug der Bulgaren.

Marktplatz in Nisch.

darum, künftig nicht mehr „Chassepot," sondern „Zündnadel" genannt zu werden.

Er war von je ein Freund Deutschlands und ein Gegner des russischen Büttels Pasitsch. Er hatte sich in den letzten Jahren vor dem Krieg von der Politik ferngehalten, in Serbien ist politische Gegnerschaft mit Lebensgefahr verbunden. Die schmerzlichen Erlebnisse seines Vaterlandes haben sich in seinem Innern angehäuft, und es tut ihm sichtlich wohl, sich aussprechen zu können. Er erzählt mir von seinen Reisen in Deutschland, von der denkwürdigsten Stunde seines Lebens, der Begegnung mit dem Altreichskanzler Bismarck. Es handelte sich um die Viehausfuhr aus Serbien. Der Minister hatte einen Plan ausgearbeitet, der das Interesse des Kanzlers fand. Er bekam dabei auch artige Worte über seinen guten deutschen Stil zu hören und nahm die gute Zensur als ein stolzes Vermächtnis mit sich. Ich deute auf ein Bild an der Wand, das die deutsche Kaiserfamilie darstellt.

„Dieses Bild finden Sie hier häufig, auch das des Kaisers Franz Joseph. Es wohnen allein in dieser Stadt Hunderte deutscher und österreichischer Familien. Aber auch in den serbischen Kreisen selbst hat man Respekt vor den Deutschen. Der Tüchtige wird bei uns geehrt wie nirgendwo, und man weiß, daß die Deutschen die Tüchtigsten sind."

Behutsam kommt das Gespräch auf die Frage nach Serbiens Zukunft.

„Wenn ich es offen sagen soll," sagt der Minister, „die Gegner der jetzigen Regierung wünschen sich, daß das Land einen deutschen oder österreichischen Prinzen bekommt, der hier endlich einmal Ruhe und Ordnung schafft. Die Obrenowitsch und Karageorgewitsch sind aus dem Volke hervorgegangen und haben sich von der Despotie ihrer Parteigänger niemals befreien können. Ein fremder Fürst könnte sich den Klüngel besser vom Halse halten und auch den Parteien gegenüber machtvoller auftreten."

„Und wie ist die Stimmung bei den Truppen?"

„Sie sind müde und gehetzt, erwarten aber täglich die Franzosen und Engländer. Neulich zogen sie auf dem Rückmarsch von Belgrad nachts singend durch die Stadt. Vielleicht wurde die heitere Stimmung künstlich entfacht, um die Bevölkerung hier zu beruhigen."

„Hatte man Furcht vor den deutschen Truppen?"

„Als das serbische Militär die Stadt geräumt und preisgegeben hatte, wurden mir für die Aufrechterhaltung der Ordnung und die Verhandlungen der Übergabe von der Regierung in Nisch telephonisch diktatorische Vollmachten erteilt. Ich berief eine Versammlung der ersten Bürger der Stadt und empfahl, eine Deputation zu wählen, die den deutschen Truppen entgegengehen und die Unterwerfung anbieten sollte. Wir vertrauten der edlen Gesinnung des Feindes und wußten, daß wir auf diese Weise das Kriegsunheil von der Stadt abwenden würden. Mein Vorschlag wurde angenommen, und wir haben uns in unseren Erwartungen nicht getäuscht."

Ich wollte aufbrechen, aber der Minister bat mich, zu bleiben. Die Lampe wurde angezündet, die kalte Abendluft machte sich bemerkbar. Er zog fröstelnd den Mantel über die Schultern und erzählte mir in den Abend hinein von seinem Lande und Volke.

Jovo, der Oberkellner.

In Krusevac war eine „Speiseanstalt" eröffnet worden. Ein großer Saal wurde mit Tischen und Stühlen ausgestattet, im Billardzimmer nebenan stampften die Pferde. Der Besitzer des Gasthauses steckte irgendwo im serbischen Heere, auf dem Wege nach Montenegro oder Albanien, wenn er nicht tot oder gefangen war. Man fragte nach Anverwandten und begegnete einem Kopfschütteln. Als man aber dann nach den Vorräten Umschau hielt, stellten sich die besorgten Angehörigen in Menge ein. Man beauftragte sie mit der Führung des Offizierskasinos und setzte Preise fest, bei denen sie gut verdienen konnten. Vor dankbaren, hungrigen Gästen tauchten serbische Gerichte auf, Fleischklumpen mit paprizierten, hammelfettigen Tunken, die trotz aller Rätselhaftigkeit dem gewohnten Geist der Offensive erlagen. Die Achtung vor fremdländischer Kultur ist nun einmal aus dem Deutschen nicht herauszubringen. In dem viel besuchten Saale war eine merkwürdige Kellnerschar. Etwa ein Dutzend junger Menschen trieb sich zwischen den Tischen herum. Mit einigen Bruchstücken von Hemden und Fräcken suchten sie die Würde ihres Amtes vorzutäuschen. Der Fettgehalt der Fräcke nahm täglich zu, der der Speisen ab. Es waren alles Dilettanten fragwürdiger Herkunft. Entweder hatten sie eine bessere oder eine dunklere Vergangenheit. Wenn sie die Teller oder Gläser brachten, war es bei ihnen ein ehernes Gesetz, sie mit dem Daumen auf der Innenseite zu umklammern. Um eine Abwechselung in der Farbe der Tischtücher zu erreichen, ließ man sie so lange liegen, bis die Zeit sie umgepinselt hatte. Der Wein ging fleißig ab, aber die Fässer wurden nicht leerer, und mit geheimem Grauen dachten wir daran, daß das Wasser der Stadt als typhusverseucht galt. Einer unter dieser Horde war unser aller Abgott. Es war ein Gymnasiast aus Belgrad, der einige Brocken Deutsch konnte, freilich von seiner Wissenschaft nur dann Gebrauch machte, wenn es sich um eine für ihn angenehme Unterhaltung handelte. Er war der Ober- und der Zahlkellner. Wie ein Irrsinniger rannte er zwischen dem Lokal und der in ihren Geheimnissen begrabenen Küche hin und her. Machte man ihm begreiflich, daß das Essen völlig kalt war, daß das Fleisch nur aus Knochen bestand, daß der Wein aus dem Essigfaß kam, daß man seit einer Stunde Suppe bestellt hatte, so zuckte er höflich, aber verständnislos die Achseln und rannte zu einem andern Tisch. Rief man einem der dienstbaren Geister auf serbisch „bezahlen" zu, so schrie er das Wort aus Leibeskräften durch den Saal, damit aber war dann die Angelegenheit erledigt. Machte man nach einer halben Stunde schüchtern einen neuen Versuch, so erlebte man dasselbe Schauspiel. Meist gelang es erst nach langem Bitten oder Drohen, Jovo, den Oberkellner, zur Verrechnung der Zeche bewegen zu können. Er notierte wie ein Grandseigneur. Bemerkte er ein strenges Gesicht, so ging er im Preise herunter. Auf kleines Silbergeld legte er nicht den geringsten Wert. Er scheffelte nur im Großen, und wer weiß, in welche Rinnen und Löcher bei dieser Wirtschaft das reichlich eingehende Geld floß. Uns konnte das gleichgültig sein. Wir erfüllten die gastlichen Pflichten, so sehr uns das Zahlen erschwert wurde, und labten uns an den großstädtischen Genüssen.

Die Schwäbin.

Auf einem vor der Stadt gelegenen großen freien Platz, der als Gefangenenlager hergerichtet war, erschien jeden Tag um die Mittagsstunde eine Frau in vornehmer schwarzer Kleidung. Rings um das Feld waren hellgrüne und gelbliche Zelte aufgeschlagen, flüchtige Heimstätten für die durchwandernden Völkerscharen. Sie zogen an mir vorüber in ihren zersetzten, buntscheckigen Gewändern, in Felle und Bettdecken gehüllt, finstere, bärtige Gesichter, müde, gleichgültige Gestalten, stille, traurige Menschen, bei aller Verwilderung mit Zügen einer glücklichen, gepflegten Jugend. Sie hockten herum, schlugen mit den Armen, um sich zu erwärmen oder zogen zu dem Haus, wo das Essen verteilt wurde. Unter ihnen stand jeden Mittag jene Frau in dem schwarzen, großstädtischen Kleid. Das rotwangige, jugendliche Gesicht von blondem Haar umrahmt, eine unverkennbar deutsche Erscheinung, die wie eine Fee inmitten der finsteren, räuberhaft zugerichteten Scharen stand. Ihr tief bekümmertes

Wesen erregte meine Aufmerksamkeit. Sie erzählte, daß ihr achtzehnjähriger Sohn im serbischen Heere stehe, daß sie seit langem keine Nachricht habe und sich daher täglich bei den eingelieferten Einjährigen erkundige, ob sie ihn kennen und von ihm wissen. Sie war deutscher Herkunft, und es war ihr Bedürfnis, sich aussprechen zu können. Der Roman eines Herzens war in das Epos des Krieges hineinverwoben worden. Sie stammt aus dem Lande der wanderlustigen Schwaben. In frühester Jugend hatte sie über ihr Leben bestimmt. Ein Serbe, der in ihrer Heimat tätig war, hatte ihre tiefsten Empfindungen wachgerüttelt. Vor ihrem träumerischen Blick tauchte lockend ein märchenbuntes, von tiefer Leidenschaftlichkeit bewegtes Land auf. Die Eltern warnten und wetterten. Als sie sich ihrer Gewalt durch die Flucht entzog, waren die Brücken hinter ihr abgebrochen. Ihr äußeres Leben nahm zunächst einen glänzenden Aufstieg, ihr Mann wurde Leiter einer bedeutenden staatlichen Fabrik, sie gehörten zu der großen Belgrader Gesellschaft. Ihre Schönheit trug ihr manche Feindseligkeit ein, zumal in Serbien fremdländische Abstammung nicht als ein Vorzug gilt. Königin Draga pflegte auf den Hofbällen sie in schnippischer Weise zu fragen: „Nicht wahr, Sie sind eine Deutsche?" um sich dann demonstrativ von ihr abzuwenden. Ihr Mann geriet in den Kreis der serbischen Helden, die aus Kaffeehäusern, Spielbänken und Nachtlokalen ein Groß-Serbien zusammenbrauen wollten. Er muß in tiefe Staatsgeheimnisse eingeweiht gewesen sein; denn er fing an, an Verfolgungswahn zu leiden und nachts die Wände abzuklopfen. Mißtrauen und Drohungen umlauerten ihr Leben. Er ist dann irgendwo im Kriege gestorben. Da zeigte sich, daß das gesamte beträchtliche Vermögen heimlich im Spiel vertan war. Das Einzige, was der Frau seit Jahren geblieben, war ihr Sohn. Als der Weltkrieg begann, wurde der Achtzehnjährige unter die Waffen gezwungen. Nun sucht sie ihn, seit Monaten herumirrend, mit der schmerz=

vollen Qual des Mutterherzens, das sein letztes Kleinod nicht der fremden Sache opfern will.

Die einstige Residenz des serbischen Zaren.

Krusevac ist eine der vielen ehemaligen serbischen Residenzstädte. Der gewaltige, zielbewußte Zar Duschan herrschte von hier über das großserbische Reich. In diesem städtearmen Land ist fast jeder größere Ort einstiger Sitz eines serbischen Herrschers. Auch der Thron führte hier ein Nomadenleben. Dem Glanz der Krone entsprach das Aussehen der „Residenz". Krusevac liegt am Ausgang des westlichen Moravatales, abseits der Orientbahn. Es bildete etwa den Mittelpunkt von Altserbien und galt als solcher als der gesichertste Platz des Landes. Von hier aus konnten die serbischen Streitkräfte, vor allem die Timok-, die Donau-, die Drinadivisionen gleichweit erreicht und versorgt werden. Hier war ein Hilfsarsenal, hier war das größte Militärlager des nördlichen Serbiens. Man hielt diese im Herzen des Gebirgslandes gelegene Stadt für so geschützt, daß man hier Riesenvorräte an Munition und Lebensmitteln aufhäufte. Hierher flohen die Einwohner von Nisch und Belgrad, hierher brachte man die österreichischen Internierten. Daß jemals ein feindlicher Fuß diese Stadt betreten werde, hielt man für ganz unmöglich. Bis hierher wollte die serbische Armee äußerst zurückweichen und, wenn sie auch Krusevac aufgeben müßte, sich ergeben. So sagten Gefangene.

Am 6. November zog ferner dumpfer Donner über die Berge. Das Poltern hallte in langgezogenen Schwingungen durch die Täler. Manchmal zitterte der Boden, bebte die Luft, und die Fenster klirrten. Nun wußten die Bewohner von Krusevac, daß die Deutschen kommen. Sie standen in den Straßen, auf den umliegenden Anhöhen und schauten in die Berge nördlich des Tales. Dort paffte irgendein Bergriese weiße und schwarze

Wölkchen in die Luft. Die wurden von dem frischen Wind erfaßt
und zerpflückt. Das Gewitter kam näher. Die Berge ver=
wandelten sich in Krater, denen schweflige Dünste entstiegen.
Serbische Kolonnen fluteten über die morsche Moravabrücke
zurück.

In Krusevac herrschte große Panik. Die 60 000 Flüchtlinge
aus den serbischen Hauptstädten wußten nicht ein und nicht aus.
Es blieb ihnen nur die Wahl, zu bleiben oder in das unwirtliche
westliche Hochgebirge zu entkommen, dessen wenige Straßen von
militärischen Kolonnen überfüllt waren. Und wohin auch weiter?
Nur Novipazar kam noch in Frage und wie lange noch? Und
dann? Nach Montenegro oder Albanien? Es half kein Opti=
mismus mehr, mit Krusevac, der letzten Stadt Altserbiens, war
das Königreich verloren. Es blieb nichts übrig, als sich aus=
zuliefern. Die Verwirrung bei der Armeeleitung in Krusevac war
nicht geringer. Nisch und Kraljewo waren verloren, die rettenden
Bahnlinien abgeschnitten. Den geschlagenen Truppen standen nur
noch zwei Gebirgswege zur Verfügung. Ochsengespanne schleppten
auf diesen Geschütze und Munitionswagen in die Schluchten und
Täler. Dazwischen drängten sich die Massen der rückwärts=
weichenden Infanterie. An ein Wegschaffen der sonstigen Vorräte
war nicht mehr zu denken. Kanonen und Futter für diese, das
war die einzige Sorge. Solange noch serbische Geschütze dem
Feind entgegenschlugen, fühlte man noch pochendes Leben in dem
todgeweihten Lande.

Die ersten deutschen Granaten schlugen in der Stadt ein. Die
Feldgrauen waren schon an der Moravabrücke, die in Flammen
stand. Zum Donnerwetter, haben die denn Siebenmeilenstiefel?
Haben die denn Muskeln und Nerven aus Stahl? Tag für Tag
über alle Berge hinweg, durch Kampf und Marsch übermüdet,
und ruhelos auf den Fersen? Wie bringen die Teufelskerle nur
durch das Gelände die Kolonnen nach? Kronprinz Alexander

saß in dem Salonwagen seines Hofzuges beim Nachmittagstee, als der Granatenregen einsetzte. Wenn der Uferschutz versagte, konnten die Deutschen in wenigen Stunden da sein. Nur noch die Flucht konnte ihn und die militärische Besatzung der Stadt retten. In größter Bestürzung wurde alles liegen und stehen gelassen. Kronprinz Alexander verschwand mit einem Flugzeug im fernen Äther. Die Truppenbagagen jagten durch die Straßen zur Stadt hinaus. Krusevac war für einige Stunden in den Händen der serbischen Soldateska. Sie hatten schon in den vorangegangenen Tagen nach Kräften gestohlen. Aber nun ohne jegliche Aufsicht entfaltete sich ihre urwüchsige Meisterschaft. Die Läden wurden erbrochen, die Warenlager durchwühlt und ausgeplündert, der Inhalt der Verkaufsstände durcheinandergeschüttet. Angetrunkene Soldaten zogen von Haus zu Haus. Gewalt und Drohungen führten ein Schreckensregiment. In sinnentollen Leidenschaften tobten sich die demoralisierten Horden aus. Auch ein Teil der Zivilbevölkerung wußte die Situation zu nutzen. Die verlassenen Wohnungen und militärischen Lagerräume wurden ausgeraubt. Mit Säcken und Kisten beladen huschten sie wie scheue Ratten durch die Gassen und Gehöfte. Immer dichter fiel der Regen der Geschosse in die Stadt, die wie von einem Rausch der Raubgier durchzuckt war, während die Skorpionen der Schrapnellpeitschen auf sie einschlugen. Wie grelle Blitze zerplatzten die Feuerkugeln über den Dächern. In den Abendstunden flog am Bahnhof ein Munitionslager in die Luft. Ein Faustschlag betäubte einen Augenblick die Bevölkerung, die Erde bebte und die Mauern schwankten, die Fensterscheiben zersplitterten. Eine gelbe Wolke stieg zum Sternenhimmel auf. Im Rathause versammelten sich die „Honoratioren". Sie beschlossen, dem Sieger die Stadt zu übergeben und setzten in guter deutscher Sprache die Urkunde auf. Eine Deputation sollte in der Frühe des nächsten Tages den deutschen Truppen entgegengehen und das

Schriftstück überreichen. Man gestand es sich heimlich, man empfing den Eindringling mit offenen Armen; denn man erwartete vom deutschen Regiment die Wiederkehr der Ordnung und Sicherheit.

Den einrückenden Brandenburgern und Westpreußen bot sich schon an den Bahnhofsanlagen ein symbolisches Genrebild des serbischen Zusammenbruchs. Da standen 42 Lokomotiven, darunter neue amerikanische mit der Jahreszahl 1915, die Gleise waren weithin vollgepfropft. 534 vollbeladene Wagen waren wie eine herrenlose Herde zusammengedrängt. Sie bargen Serbiens wertvollste Vorräte. Da waren neben Lafetten und Schutzschilden königliche Zimmereinrichtungen aufgestapelt. Auch hier hatten die abziehenden Serben gehaust. Der Inhalt erbrochener Tee- und Tabakkisten lag über die Erde zerstreut. Reich war die Beute an Geschützen; man fand vier 28kalibrige, sieben 21kalibrige Haubitzen, 50 Feldgeschütze, im ganzen 129 Kanonen. Unübersehbar waren die Funde an Munition, besonders auch an gefüllten Maschinengewehrgurten. 5000 Zentner Mehl wurden beschlagnahmt und zum Teil zur Ernährung der unbemittelten Bevölkerung verwendet. Weiteres Material kam zum Vorschein: der in voller Flucht verlassene Hofzug, ein Geschenk des russischen Zaren, französische Flugzeuge, Automobile, Zeltbahnen, Benzin- und Ölvorräte und anderes mehr.

In der 8000 Einwohner zählenden Stadt nisten etwa 60 000 Flüchtlinge. Ich gehe eine Treppe hinauf, um Quartier zu suchen. In einem leeren Raum lagern etwa 20 Menschen, Männer, Frauen und Kinder. Es sind wohlhabende Kaufleute aus Belgrad. Sie wohnen hier seit Wochen wie Zigeuner. In dem völlig ausgeraubten Laden des Erdgeschosses stehen Pferde und betrachten die übriggebliebenen Damenhüte. Im Hause daneben hat sich ein Frucht- und Eierhändler aus Semendria niedergelassen. Er erzählt mir von seinen Geschäftsverbindungen mit Rixdorf. In der

Wohnung eines flüchtigen Advokaten haben sich allerhand geistige Größen mit ihrem reichlichen Familienanhang in die Zimmer geteilt. Es hält für unsere Truppen schwer, in den überfüllten Gebäulichkeiten noch Unterkunft zu finden. Sie kommen nachts ermüdet an, müssen morgen früh weiter und bringen es doch nicht übers Herz, die Flüchtlinge zu verdrängen. In einem gutbürgerlichen Hause finde ich gleich eine Berlinerin und eine Münchnerin zusammen. Sie waren als Erzieherinnen im Lande und wurden vom Kriege überrascht. Sie sind guter Dinge, kümmern sich nicht um Politik, sondern nur um das Wohl und die Wäsche der ihnen anvertrauten Kinder. Auch in Krusevac fällt mir wieder auf, wie weit verbreitet die deutsche Sprache in Serbien ist. Keine andere fremdländische Sprache ist so bekannt. In einem Hotel ist eine Offiziersspeiseanstalt eingerichtet. Man wurde erst gut verpflegt. Aber als die Einnahmen des serbischen Wirtes wuchsen, verteuerten und verkleinerten sich die Portionen, der Wein wurde sauer, das Benehmen der Kellner unverschämter. Im allgemeinen bekundet die Bevölkerung auch hier eine freundliche Gesinnung. Der Ortskommandant arbeitet mit dem Bürgerausschuß zusammen. Ganze Kolonnen von Bittstellern sammeln sich vor seinem Hause. Ihre Wünsche werden geduldig angehört und, soweit berechtigt und ausführbar, berücksichtigt. In den Straßen begegnet man englischen Krankenpflegerinnen in hohen Reitstiefeln. Sie wurden von den Serben bei den Tausenden Verwundeten in Krusevac zurückgelassen. Sie haben nun Gelegenheit, die deutsche Barbarei kennen zu lernen, die ihren Pfleglingen dieselbe ärztliche Hilfe angedeihen läßt wie den deutschen Verwundeten und diese teilweise in Notgebäuden unterbringt, um serbischen Schwerverwundeten einen Umtransport zu ersparen. Singend ziehen die Soldaten durch die Straßen, wie ein perpetuum mobile rollen die Kolonnen über das Pflaster. Der Krieg ist vergessen, er wird zum Schauspiel. In einem schmutzigen Raum spielen Zigeuner unter leb-

haften Worten und Gesten mit angehäuften Lumpen. In einer
Ecke kauert eine alte sterbende Frau, ihre verglasten Augen irren
suchend umher, ihre Hände krampfen nach Luft. Niemand kümmert
sich um sie. Daneben haschen sich Kinder. Sie lachen und
tanzen. Das Leben stirbt und ersteht in neuer fröhlicher Lebenslust.

Fahnen und Kränze in Nisch.

Linde Lüfte flimmern über der Stadt, als wir sie an einem
Dezembertag betreten. Der warme Hauch des Ägäischen Meeres
dringt bis zu diesem Hochland. Zackige Schneehäupter umkreisen
die südländische Oase, in die die alte Festung gebettet ist. Der
nordische Winter hat hier keine gastliche Stätte, nur vereinzelt
findet man Heizöfen in den Häusern. Die Schwüle des Mittags
liegt in den Straßen und auf den Plätzen. Die Verkäufer der
Straße lehnen müde an den Häusern. Es sind ihrer unzählige.
In langer Reihe bieten sie Keks und Schokolade feil, Schweizer
Fabrikate, die in Massen hier aufgestapelt sind. Aus den Fenstern
hängen regungslos Fahnen aller Art, weiße als Bekenntnis wohl=
gesinnter Unterwerfung, schwarze, das Haus betrauert einen Toten,
farbige, der laute jubelnde Gruß an die Sieger. Im Herzen der
Stadt steht, aus Wimpeln und Tannenreisig zusammengefügt, eine
Triumphpforte. Zar Ferdinand von Bulgarien hat seinen Einzug
in die serbische Trutzburg gehalten. Hierzulande ziert man sich
nicht, den Siegerstolz zur Schau zu tragen. Man darf ja auch
nicht vergessen, daß Nisch erst 1878 serbisch wurde und die alt=
ansässige Bevölkerung bulgarischer Abstammung ist. Der serbische
Aufguß hat sich mit der serbischen Armee verflüchtigt. Ohne
Zutun hat diese Stadt über Nacht ihr einstiges bulgarisches Gesicht
erhalten. Alten Leuten könnte es wie ein Traum erscheinen, daß
sie serbische Bürger sind, lägen nicht ihre Truhen voll stark ent=
werteter Papiere und Münzen. In keiner serbischen Stadt sah

ich so wenig Niedergeschlagenheit, so spärliche Spuren heimlicher Feindseligkeit.

Die Läden sind geöffnet, die Caféhäuser überfüllt. Lachend und plaudernd spaziert die Jugend in den breiten Straßen auf und ab. Der warme Sonnenschein hat auch die Alten aus den sauberen, niederen Häuschen gelockt, die sich im Stile eines Landstädtchens, von Gärten unterbrochen, hell und freundlich aneinanderreihen. Auf dem Marktplatz konzertiert bulgarische Militärmusik. Buntfarbige Männer in Opanken, Türkinnen in weiten Pluderhosen, europäisch zurechtgestutzte Jünglinge und gepuderte Backfische in engen Röcken umlagern die braunen Musikanten, die mit der ernstesten Miene der Welt in ihre Instrumente blasen, um dieser lebenslustigen Stadt die alte Fröhlichkeit einzupusten. Serbische Gefangene ziehen über den Platz und sehen mit zusammengekniffenen Lippen diesen inneren Sieg über ihr Volk und ihr Land. Auf kleinen, eilig trippelnden Pferden reiten bulgarische Offiziere vorüber. Ich empfinde irgendwo ein schmerzhaftes Gefühl beim Gedanken an einen langen Ritt auf diesen schnell arbeitenden Wurfmaschinen, freilich sind diese zähen, geschickten Klettertiere das geeignetste Beförderungsmittel im Gebirgsgelände.

Die bulgarische Armee fühlt sich nicht nur als der Herr der Stadt, sondern auch als ihr fürsorglicher Vater. Die Vorräte des Landes werden geschont und bewacht, die unverdächtige Einwohnerschaft genießt volle Freiheit und jede Unterstützung. Die Wiederkehr geregelten wirtschaftlichen Lebens wird mit allen Mitteln gefördert. In straffer Disziplin und kluger Voraussicht wird der Zukunft vorgearbeitet. Einer bulgarischen Stadt kann nicht sorgsamere Pflege zuteil werden. Wie ein Kleinod wird diese wiedergewonnene bulgarische Erde behütet. Die Fahnen und Kränze haften nicht nur am äußeren Stadtbild. Diese Stadt ist im innersten Kern erobert.

Erkenntnis und Zusammenbruch.

Dieser serbische Feldzug ist eine Geschichte der Überraschungen. Zunächst militärisch. Man mußte damit rechnen, daß die serbische Armee den ungemein schwierigen Donauübergang lange Zeit zu verwehren, wenn nicht ganz zu verhindern vermochte. Eine geniale Taktik hat diese Schwierigkeiten auf ein Mindestmaß verringert. Bei Beginn der Offensive befanden sich die feindlichen Hauptkräfte da, wo wir sie haben wollten. Als unser Eindringen ins Land nicht mehr Zweifel zuließ, entstand in Serbien ein toller Wirrwarr von Truppenverschiebungen. Gefangene erzählen, daß sie in den ersten Wochen müde und abgehetzt, ohne genügende Verpflegung und sonstige Fürsorge von einer Front zur anderen gejagt wurden, ihre Kräfte und ihre Kampfeslust in Märschen verpufften. Die Truppenverbände gerieten dabei vielfach auseinander, ein Bataillon landete am Timok, ein anderes desselben Regiments an der Save. Die Fäden der ursprünglich straffen, einheitlichen Leitung verwirrten sich mehr und mehr. Das erklärt manche Erscheinung, die unsere Erwartung angenehm betrog.

Trotzdem blieb in diesem Kampf um Leben und Tod des serbischen Landes die Stimmung noch lange fest und gut. Noch lange Zeit nach dem Fall Belgrads zogen die serbischen Bataillone singend und in froher Zuversicht durch die Straßen von

Kragujevac. Die Siegesgewißheit gründete sich auf die mit vollster Bestimmtheit erhoffte nahe Hilfe des Vierverbandes. Man fühlte die schwere aber verheißungsvolle Pflicht in sich, einen übermächtigen Feind so lange aufzuhalten, bis die Vereinigung mit den Ententetruppen erfolgt sei. Man wich langsam und zäh und mit der stillen Tröstung, mit der befreundeten Hilfe das verlorene Gelände in Bälde zurückzuerwerben. Wenn die serbischen Truppen bei ihren Rückzügen der verbleibenden Bevölkerung ihre demnächstige Rückkehr in Aussicht stellten, wie uns das vielfach berichtet wurde, so war das nicht eitle Prahlerei, sondern felsenfester Glaube an die Kampfesunterstützung und die unbegrenzten Machtmittel der Entente. Diese Gläubigkeit hielt die Truppen innerlich aufrecht und in tapferer Laune. Als die Regierung in Nisch ihren Irrtum erkannte, wagte sie nicht, ihre Enttäuschung dem Volke mitzuteilen. Man hielt bis zuletzt an dem frommen Betrug fest. Das Phantom wuchs sich zum Lügengebilde aus. Man berichtete den Truppen von dem siegreichen Vorwärtsdringen der verbündeten Hilfskorps, von Niederlagen, die sie den Bulgaren beibrachten. Gefangene erzählten, daß ihnen die serbische Heeresleitung von der jeden Tag zu erwartenden Vereinigung mit den Ententetruppen südlich Kragujevac Mitteilung gemacht habe. Langsam dämmerte die Erkenntnis, daß diese Hoffnung eitel war, allmählich erkannte man die rettungslose Lage. Nach den bestimmten, wiederholten Versprechungen war die Enttäuschung um so niederdrückender. Unter der Wahrheit brach von Tag zu Tag mehr die innere Kampfeskraft zusammen.

Die freiwillige Gefangengabe griff immer mehr um sich. In der serbischen Armee befinden sich ja auch große Teile, die an sich schon nur gezwungen unter den Waffen standen, die Bewohner Neuserbiens, Mazedonier, Bulgaren, Mohammedaner. Man hatte sie zwar auf die zuverlässigen serbischen Regimenter verteilt, aber damit nur erreicht, daß sie auch da ihren zersetzenden Einfluß ausübten. Die Müdigkeit einer Armee, die seit vier Jahren im Felde stand, war nicht mehr aufzuhalten. Sie war größer, als wir anzunehmen wagten. Das Verhalten der Gefangenen ist musterhaft. Es ist mir kein Fall von Auflehnung, von Ausschreitungen oder Desertation bekannt geworden. Sie sind apathisch und mit ihrem Schicksal zufrieden. Die großen Gefangenenzüge legen, von wenigen Soldaten begleitet, willig und gehorsam die weiten Wege zurück. Sie ziehen in riesigen Scharen tags, auch nachts, durch ihre Dörfer und Städte. Sie fassen eifrig zu, wenn unterwegs ein Wagen stecken geblieben ist, grüßen ehrfurchtsvoll vorbeireitende Offiziere. Bei keinem bemerkt man Haß, Verbitterung, Hinterlist.

Die Zivilbevölkerung überbietet sich an freundlicher Gesinnung. Ich wage zu behaupten, die deutsche Armee hat in diesem Kriege noch in keinem feindlichen Land eine so wohlwollende Aufnahme gefunden wie in Serbien. In den Grenzgebieten, wo die Gegensätze der Nationen aneinanderbranden und die Regierung eine systematische Verhetzung betrieb, kam es vor, daß Frauen und Kinder in den Schützengräben mitkämpften und in den eroberten Dörfern aus Häusern und Scheunen schossen. Im Innern des Landes hat die Mitbeteiligung der Zivilbevölkerung an den Kriegshandlungen völlig aufgehört. Nur ganz vereinzelt lassen sich rabiate Naturen zu Drohungen oder Tätlichkeiten hinreißen. Es ist hier in Städten und Dörfern allgemeine Sitte, zur Bekundung einer wohlgesinnten Haltung weiße Fahnen am Hause zu befestigen, und manche schmücken diese gleichsam als einen Willkommengruß für den Sieger mit einem Blumenstrauß. Die Bedürfnisse der Truppe an Vieh und Frucht werden ohne Schwierigkeiten hergegeben, Vorräte nur selten versteckt. Jede gewünschte Auskunft oder Hilfe wird in eifriger Weise gegeben. Das trifft vornehmlich für die Landbevölkerung, aber auch für Städte zu, weniger für Belgrad. Der Großstädter hat sich unter der herrschenden Regierung wohl gefühlt, er konnte ungestört das Volk bewuchern. Der Landbewohner, und das ist die überwiegende Mehrheit des Volkes, erkennt, daß man ihn belogen und betrogen hat. Er muß seit vier Jahren dem König Kriege führen, man hat ihm mit Rußlands Unterstützung den Sieg sicher versprochen. Er sieht alles um sich wanken und hat selbst seinen Halt verloren. Er will Ruhe, Frieden, die Rückkehr des Wohlstandes und der Häuslichkeit. Er hat den Glauben verloren, daß die bisherige Regierung und die Karageorgewitschs diesen Zustand werden herbeiführen können. Die Klugheit gebietet, sich zu fügen. In Stunden der Not hilft der orientalische Fatalismus. Vielleicht bringt diese gewaltige Umwälzung seinem Lande das, wonach er sich sehnt. Vielleicht war dieser blutige Zusammenbruch nötig, das Volk neu aufzurichten. Er will sich gegen die neuen Möglichkeiten nicht stemmen, sie sich nicht durch blinde Feindschaft verscherzen. Der Serbe ist Slave, er hat eine glutvolle Hoffnungskraft und versteht es, sich zu — verstellen.

Noch andere Gründe sprechen mit. Auf dem Balkan kennt man nicht das Sittengebot, mit Besiegten schonungsvoll umzugehen. Es erscheint diesen Naturkindern als das selbstverständliche Recht des Überlegenen, seine Macht rücksichtslos auszunützen. Die Bulgaren wissen aus dem zweiten Balkankrieg von serbischem Übermut zu erzählen. Man hatte dem serbischen Volke auch genug von den deutschen Barbaren berichtet. Man machte sich daher auf das Schlimmste gefaßt, als die Deutschen im Lande erschienen — und erkannte bald, daß man auch hierin belogen worden war. Alles ging so geordnet und geschäftsmäßig zu, als ob eigene Truppen ein Manöver abhielten. Keinem, der sich loyal verhielt, geschah ein Leid. Wie eine Erlösung wich der bange Druck von den Gemütern. Die Männer und Söhne, die im serbischen Heere kämpften, erfuhren auf allerhand Schleichwegen, daß die von den verbündeten Truppen besetzten Dörfer das friedvollste

Am Haupteingang der Zitadelle von Nisch.

Ein Aufruf Generalfeldmarschalls von Mackensen in Nisch.

Eine Behelfsbrücke bei Nisch, im Hintergrund eine Kriegsbrücke im Bau.

Bulgarisches Militärkonzert auf dem Marktplatz von Lescovac.

Erkenntnis und Zusammenbruch. 113

Bild bieten, daß ihre Angehörigen sich besten Wohlseins erfreuen. Das war ihren Vorstellungen von Kriegsrecht unfaßbar, machte aber auf sie trotzdem einen tiefen Eindruck. Wir wissen von Überläufern, daß das Bekanntwerden dieser Tatsache in den serbischen Schützenlinien viel dazu beigetragen hat, die Kampfeslust abzuschwächen.

Ich habe in Unterhaltungen mit serbischen Politikern oder Gefangenen diesen oftmals die Frage vorgelegt: Wie denkt Ihr Euch die Zukunft Eures Landes? Alle sprachen zunächst von der allgemeinen Sehnsucht nach Frieden. Und immer wieder tauchte in ihren Äußerungen der Wunsch und Gedanke auf, einen deutschen oder österreichischen Prinzen auf ihrem Thron zu sehen, eine von der Umgebung unabhängige, leuchtende souveräne Herrschergestalt wie den Koburger Ferdinand oder den Hohenzollern Karl, nicht einen aus dem Lande stammenden Fürsten mit seinen Sippschaften und Abhängigkeiten und seiner mangelnden Autorität. Sie denken dabei an ihre nächstliegenden Sorgen. Dann werde Ordnung und Gerechtigkeit kommen, die Bauern würden gute Straßen und elektrisches Licht erhalten, und mit manchen Mißständen würde aufgeräumt werden. Die politische Intelligenz des serbischen Bauern beschäftigt sich rege mit den wirtschaftlichen Bedürfnissen des Landes. Die Obrenowitsch haben ja noch viele Anhänger im Lande, die mit der russophilen Politik der Karageorgewitsch und der herrschenden radikalen Partei nicht einverstanden sind. König Milan war mit Österreich eng verwachsen. Man findet in Bauernhäusern noch öfters das Bild des Kaisers Franz Josef, und auch Bilder der deutschen Kaiserfamilie habe ich in Kragujevac in Wohnungen gesehen. Die Deutschen standen in Serbien von jeher in bestem Ansehen. Der serbische Bauer kennt neben dem Türken und Russen nur den „Schwaba". Nach der Freiheitsbewegung im Anfang des vorigen Jahrhunderts kamen als erste Sendboten europäischer Kultur deutsche Ärzte, Techniker und Kaufleute ins

Land. Sachsen erschlossen die reichen Erzgruben. Der serbische Bauer hat eine ehrliche Hochachtung vor geistiger Überlegenheit. Er erkennt, daß sie dem Lande Nutzen bringt. So verbindet sich für ihn mit dem Wort „Schwaba" der Begriff Tüchtigkeit, Wissen, Fortschritt. Viele serbische Staatsmänner haben in Deutschland ihre Bildung genossen. In Serbien sind zahlreiche Deutsche ansässig, besonders in technischen Stellungen. In Kragujevac ist eine umfangreiche deutsche Kolonie, meist Angestellte der Waffenfabrik und der pyrotechnischen Anstalt. Als die serbischen Schriftzeichen sich Anfang des vorigen Jahrhunderts von russischen Einflüssen frei machten und das erste serbische Wörterbuch entstand, hat unser Sprachmeister Grimm entscheidend daran mitgewirkt. Die Beziehungen zu deutscher Kultur wurden in Serbien immer gepflegt und in weitesten Volkskreisen geschätzt. Wenn man sich dessen erinnert, erscheint das Verhalten des serbischen Volkes nicht unverständlich.

Und doch ist es den meisten eine Überraschung. Wir hatten uns auf schwere Kämpfe gefaßt gemacht. Wir glaubten, daß der Serbe jeden Quadratmeter seines mit heißer nationaler Glut umsaßten Heimatbodens aufs äußerste verteidigen werde, sich eher ausrotten als ihn aus den Händen lasse, wir glaubten an eine Mitbeteiligung der gesamten Bevölkerung an dem nationalen Existenzkampf und sahen nun die rasche innere Zermürbung der Armee, den wohlgesinnten Empfang durch die Bevölkerung. Dieser serbische Feldzug war den Beteiligten und Fernstehenden eine Geschichte der Überraschungen.

Aus einem serbischen Tagebuch.

Bei einem gefallenen serbischen Leutnant fand man ein Tagebuch, die schmerzvolle, heimliche Zwiesprache eines einsamen, von wehen Empfindungen umdüsterten Menschen mit seiner Lebensgefährtin. Ich gebe aus einigen Sätzen den Inhalt nach der Erinnerung wieder:

Seitdem ich fern von dir bin, weiß ich erst, wie einsam mein Leben ist. Alles Leid, allen Hunger des Herzens muß ich nun allein mit mir herumschleppen, die Bilder des Schreckens und Grauens, und diese Last schlägt mich zu Boden. Als ich mich aus deinen weichen, warmen Armen löste, rannte ich wie im Irrwahn fort von dir, fort, fort. Ich getraute mich nicht, mich umzusehen, dich, unser Kind, unser Haus meinen Blicken nochmals einzuprägen, ich glaube, es hätte mich wie die Flüchtigen aus Sodom in eine Salzsäule verwandelt. Nun sind die kosenden Winde meine Gespielen, nun küssen die Sterne die Augen in Schlaf. Aber die Einsamkeit meiner Seele verzehrt meine Kraft und meinen Mut. Erst schloß ich mich an die anderen an. Sie mißbrauchten mein Vertrauen, um mir bei den Vorgesetzten zu schaden. Sie haben tausenderlei Dinge im Kopf, aber eine Leere im Herzen. In der gereizten Nervosität ärgert einer den andern. So trage ich meine blutenden Wunden verschwiegen mit mir herum, die Sehnsucht nach deiner Zärtlichkeit, nach dem Frieden unseres Hauses und die einzige Hoffnung meines Lebens, dich wiederzusehen und unser von unseren frohen Empfindungen umjubeltes Kind

Irgendwo in Serbien wartet eine junge verhärmte Frau auf die einstige Rückkehr ihres Gatten.

Das Wirtshaus an der Rasina.

In einem Wirtshaus treffe ich den Divisionsstab, dem ich zugeteilt bin. Es ist ein massiver Steinbau mit getünchten Wänden. Das kahle Gestein ist leer und sonntäglich blank gescheuert. Das frostig gastliche Haus liegt in dem tiefeingeschnittenen Tale, das sich an der Rasina entlang durch die westlichen Ausläufer des Jastrebac-Gebirgsstockes schlängelt. Die schmale, abschüssige Straße, die hier vorbeiführt, kommt von Krusevac. Sie windet sich eine Meile südlicher aus dem Bergland heraus und zieht nach Pristina hin. Die geschlagene serbische Nordarmee ist vor wenigen Tagen durch diese Talschlucht südwärts geflüchtet. Sie hatte in Krusevac Tausende an Gefangenen und Überläufern eingebüßt, die das verlorene Rennen aufgaben. Es sind nur noch Bruchteile, fanatische Führer und mit Waffengewalt festgehaltene Truppenverbände übrig. Aller entbehrliche Ballast wurde bei dem Rückzug durch den Engpaß des Hochgebirges, einer dem Riesengebirge ähnlichen Formation, über Bord geworfen. In Zlatary fand man einen im Stich gelassenen serbischen Divisions-Brückentrain. Ein zweiter soll verbrannt worden sein. Weggeworfene volle Munitionskisten lagen wie Kilometersteine am Wege. Die Straße ist stellenweise so grundlos und so eng, daß mit Mühe in einer Richtung eine Kolonne durchgezogen werden kann. Durch dieses Nadelöhr mußte eine flüchtende Armee hindurch. Man kann sich denken, daß sie dabei schlanker und dünner wurde. Aber eher kriecht die serbische Heeresleitung durch ein Nadelöhr, als daß sie einsieht, daß ihr Geschick besiegelt ist.

Der Krieg ist ein Verschwender auf allen Gebieten. Er geht überall aufs Große. Auch in seinen Bildern, in seinen Farben und Stimmungen. Dieses Tal ist an sich von einem berauschenden Liebreiz. Auf gelblich schimmernden Wiesen und Halden stehen stattliche Bäume, vom herbstlichen Kupfergold übergossen. In mild leuchtenden Wellenlinien ziehen sich die bewaldeten Talwände hin. Dahinter ragen dräuend dunkle Hochgebirgszacken empor. Ein bläulich violetter Dunst verschleiert ihre Häupter, von denen man nur die Umrisse erkennt. Weiße, blitzende Häuser gaukeln heimisches lustiges Leben in die Farbenbrandung. Rauch kräuselt sich himmelwärts. Weidendes Vieh bewegt sich unter den Baumkronen. In dieser Szenerie stellt der Krieg seine Spieler und Statisten auf. Er schreibt zugleich die begleitende Musik zu dem Schaustück. Die Pastorale verwandelt sich in die Eroika. Die Täler füllen sich mit einem Gewoge eherner Stimmen. Fugenartig baut sich der Männerchor auf. In die hellstimmigen kurzen, trotzigen Rufe der kleinen Geschütze mischen sich die langgezogenen Laute der Bassisten, deren „wehe, wehe" drohend in die Ferne klingt. Wie schwingende Triolen von Violinen knistern die Infanteriegewehre dazwischen. Die Talbuchtung wird ein buntes Militärlager. Die aus dem Hintergrund heranrückenden Kolonnen können nicht weiter; denn die Straße nach vorne liegt im feindlichen Feuer. Sie schwenken ab auf die Felder, in die Obstgärten und bauen ihre Zigeunerherrlichkeit auf. Die Dämmerung steigt aus dem Grunde. Der Abendsegen blutigroter Wolken breitet sich über Freund und Feind. Und nun beginnt der Geistertanz der Lagerfeuer.

Der Divisionsstab sitzt in der Wirtsstube am Abendtisch. Auf der Hinterwand spielt fauchend und prustend eine rötliche

Das Wirtshaus an der Rasina.

Flamme mit den Holzscheiten eines roh gezimmerten Kamins. In groben Strichen gepinselte Bilder schmücken die Wände. Man muß annehmen, daß sie zur Erbauung der Besucher erdacht wurden und kann daher auf deren Seelenleben schließen. Da hängt zunächst ein ländlich sittliches Bild: Schneebedeckte Berge, ein Wasserfall, giftgrüne Wälder, ein lustwandelndes Pärchen, ein Angler. Das Bild könnte auch in dem Wirtshaus an der Lahn hängen. Auf dieser Seite des Raumes herrscht die Konvention. Bei den beiden anderen Gemälden kommen wir dem Volksinnern schon näher. Es ist eine Szene aus dem serbisch-türkischen Kriege. Zwei Reihen zinnsoldatenartiger Gebilde stehen sich gegenüber, dazwischen steht ein Tor: der berühmte serbische Sturm auf die Festung. Das dritte Bild dürfte die größte Anziehungskraft ausgeübt haben. Es stellt einen Frauenraub dar. Ein wildbärtiger Mann sitzt auf einem Pferde. Mit einer Hand schießt er auf einen gleich wilden Reiter, anscheinend den Beraubten, mit der anderen hält er eine stocksteife Frauensperson, die erstaunt die erlauchte Tafelrunde zu ihren Füßen betrachtet, als ob sie die ganze Räuberei nichts angehe. Wir atmen serbische Heldengeschichte. Tabakwellen ziehen um die Kerzenlichter ihre blaugrauen Kreise. Erinnerungen werden hineingewoben, Bilder von vergangenen Kampfstätten, auf denen sich die J. D. die ersten Lorbeeren erworben, Erzählungen von schweren Tagen, die wochenlang kaum ein Aufatmen zuließen, von der prächtigen Stimmung der Truppe. Es ist ein eigenartiges Bild: der jugendfrische Graukopf des Führers, sprudelnd von Geist und gütiger Menschlichkeit, die blinkenden Uniformen, der herzliche kameradschaftliche Einklang der Runde, das dem Feldleben angepaßte Liebesmahl im wörtlichsten Sinne — in einem Wirtshaus des Balkans. Ich habe die Vision, daß sich meine Umgebung in die düsteren Gestalten verwandelt, für die dieses Haus gebaut ist. Am Kantin lehnt ein beleibter Wirt, mit einem verschmitzten Gesicht. Er hat einen guten Mutterwitz am Leibe und lacht, daß die bestickte Fellweste in Falten gerät. Am Tisch sitzen Bauern, Fuhrknechte und allerhand Zaungäste des Lebens. Sie haben den sauren Landwein zur Seite geschoben und fordern sich ihren Sliwowitz, den Pflaumenschnaps. Sie sprechen von Politik und fahren zornig aufeinander los. Es sind Komitatschis darunter mit Pistolen im Gürtel, Gewehren über der Schulter, die Krieg auf eigene Faust treiben. Sie erzählen von den Oktobertagen 1912, als die dritte serbische Armee durch dieses Tal nach dem Sandschak, nach dem türkischen Pristina, zog. Sie waren damals mit dabei und haben in diesem selben Raum für lange Zeit den letzten Sliwowitz gebechert. Sie berichten mit leuchtenden Augen von den hinterlistigen Unternehmungen ihrer Banden gegen die türkischen Streifkorps, von grausamen Verstümmelungen und Abschlachtereien. Das war noch ein Krieg, Mann gegen Mann, List gegen Tücke. Dieser neue Feldzug der großen Kanonen, die die Infanterie vor sich hertreiben, imponiert ihnen nicht. Die Persönlichkeit des Einzelnen kann sich dabei nicht entfalten. Die Infanteriekolonnen säubern zu gründlich die Räubernester und Schlupfwinkel. Überhaupt die Deutschen! Ihnen gegenüber kommt gar nicht so recht der Blutrausch auf. Mit den Balkanvölkern kämpft es sich viel romantischer. In einer Ecke kauert ein Blinder mit seiner Harfe. Es ist einer jener Rhapsoden, die Jahrhunderte lang die einzigen Träger der serbischen Literatur und Geschichte waren. Er singt seine monotonen schwermütigen Weisen, weitschweifige Schilderungen von Kämpfen und Heldentaten voll Empfindung und Anschaulichkeit, Menschliches von Königen und Völkern.

Am nächsten Morgen kletterte ich auf die Berge. Es geht steil hinauf, die Glieder schmerzen und die Brust keucht. Ich denke an die Musketiere, die mit schwerer Bürde in diesem zerklüfteten, gestrüppigen Karst sich am Tage zuvor gegen feindlichen Hinterhalt durcharbeiten mußten. Auch die abgelegenen Hoch=

gebirgseinöden werden mit deutscher Gründlichkeit vom Feinde „gereinigt."

Bei Blace flacht sich das Hochland ab. Dort am Ausgang des Gebirges haben die Serben mit starken Kräften und erheblicher Artillerie zähen Widerstand geleistet. Meine Blicke schweifen hinunter in die grünen Ebenen, zu den fernen schneebedeckten Bergen. Welche Bilder bieten sich hier in sich täglich erneuernder Schönheit einem im siegfrohen Glücksgefühl vorwärts dringenden Heere!

Streifzüge durch das Hochgebirge.

Die Straßen von Krusevac und von Nisch, die beiden einzigen Verbindungswege aus dem Innern Serbiens nach Novipazar und Pristina, treffen sich in Kursumlija. Hier waren die Reste der nord= und mittelserbischen Streitkräfte angestaut, die stark dezimierten Trümmer der etwa 100 000 Mann umfassenden vier serbischen Divisionen, die an der Donau der Armee Gallwitz gegen= überstanden, und Restbestandteile der zwei serbischen Divisionen, die vom Timok her vor den Bulgaren über Nisch zurückweichen mußten.

Immerhin waren diese vereinigten Trümmer stark genug, um vor Kursumlija die einzige Abzugsstraße nach Westen zu sperren und das geschlossene Tor seitlich zu sichern, zumal sie noch reichlich mit Artillerie versehen waren. Ihr Reisegepäck hatten sie unter= wegs schon größtenteils beiseite geworfen. Mit Verpflegungs= nachschub, mit Feldbäckereien, mit Proviantämtern gibt man sich in der serbischen Armee nicht mehr ab. Etwas Zwieback wird mitgeführt, sonst nichts. Brot und Konserven gibt es schon lange nicht mehr. Es wird der Truppe überlassen, die eigenen Dörfer auszuräubern, um auf gut Glück den Hunger zu stillen. In stark besiedelten, fruchtbaren Tälern ist dieses einfache Verpflegungs= verfahren ausführbar, in ödem Gebirgsland dagegen kann sich eine nur auf Requisition angewiesene Truppe naturgemäß nicht lange halten. Die Ernährung der Pferde und sonstigen Zugtiere wird nicht anders gehandhabt. Der Train ist daher auf die Mitführung der verbliebenen Geschütze und der Munition beschränkt. Die Infanterie- und Artilleriemunition wird ebenso wie das Geschützmaterial auf leichten Karren fortgeschafft, die von Ochsen gezogen werden.

Diese Kolonnen waren auf den schmalen, schlammigen Straßen von Krusevac und von Nisch an dem 1500 Meter hohen Jastrebacgebirge vorbei mit Mühe in Sicherheit gebracht worden. Sie gaben die letzte Verteidigungsmöglichkeit; ihr teilweiser oder völliger Verlust ließ keine andere Möglichkeit als die Kapitulation. In Kursumlija, wo sich die beiden Straßen vereinigen, stockte der Abtransport. Es war eine Lebensfrage für die serbische Armee, die dicht folgenden deutschen und bulgarischen Divisionen so lange aufzuhalten, bis das Gros der verbliebenen Artillerie und deren Geschoßproviant weitergeschafft war. Starke Abteilungen, mit mehreren Batterien ausgerüstet, erhielten daher den Befehl, die Talausgänge bei Blace und hinter Prokuplje abzuschließen und dort bis zur völligen eigenen Vernichtung auszuharren. Die Aufgabe war durch das bergige Gelände außerordentlich erleichtert. Es genügte, von beherrschenden Punkten aus die Talstraße, die einzige Bewegungsmöglichkeit für die Artillerie und die Kolonnen, unter Feuer zu halten. Auch für den Kampf gegen die Infanterie gab es unzählige sichere Verstecke.

Ich wohnte den Kämpfen bei Blace bei. Die Infanterie arbeitete sich in Schützenlinien an die Höhen heran, die vom Gegner besetzt waren. Eine Kuppe nach der andern wurde erstürmt. Der Hauptstützpunkt des feindlichen Widerstandes, der Marktflecken Blace, wurde durch eine flankierende Umfassung angegriffen. Ein Detachement unter Führung des bekannten früheren Herrenreiters Freiherrn v. R. durchstreifte die Höhenzüge südlich des Rasina- und Blatesnicatales. Im nächtlichen Dunkel wurden, Mann hinter Mann, die Saumpfade erstiegen und dann vorsichtig und systematisch die Schwarmlinien durch das zerrissene Gelände vorgeschoben. An manchen Stellen kam es zu erbitterten Nahkämpfen. Ein Offizier drang allein mit seinem Burschen in eine serbische Stellung ein. Sie hielten einer erheblichen Übermacht stand. An einem Graben fand man einen toten deutschen und einen serbischen Soldaten sich in naher Entfernung gegenüberliegen. Sie hatten gleichzeitig aufeinander abgedrückt. Neben dem Serben lagen drei seiner Kameraden, die dem in die Brust getroffenen deutschen Schützen zuvor zum Opfer gefallen waren. Diese einsamen Berge könnten vieles, vieles von stillen Heldentaten erzählen.

Die Seitenabteilung, die sich Blace von den Gebirgshöhen herab näherte, verstand es, durch gut gedeckte Bewegungen dem feindlichen Geschützfeuer auszuweichen. Sie hatte sich bereits am ersten Tage dem Dorfe so weit genähert, daß sie in der folgenden Nacht einen Handstreich wagen konnte. Starke Patrouillen drangen in Blace ein und warfen die Serben hinaus. Es war aber noch nicht möglich gewesen, sämtliche umliegenden Anhöhen von den serbischen Trupps zu säubern. Das Dorf lag noch im feindlichen Feuer und wurde nach Tagesbeginn mit Granaten überschüttet. Es wurde daher am Tage geräumt, um nutzlose Verluste zu ersparen. Es lag aber bereits zwischen den Fronten.

Am frühen Morgen des zweiten Kampftages war weitere schwere Artillerie aus Krusevac eingetroffen. Sie hatte die 45 Kilometer lange Gebirgsstrecke in einem Tage zurückgelegt und griff sofort munter in das Artilleriekonzert ein. Die Straße nach Blace lag in Sicht und Schuß und konnte daher nicht benützt werden. Die Seitentäler waren dem Feind bekannt und erhielten Streufeuer. Mit bewundernswerter Geschicklichkeit wurden die schweren Flachbahngeschütze über lehmige Anhöhen und Bacheinschnitte unentdeckt in günstige Stellung gebracht. Unsägliche

Anstrengungen wurden von Mensch und Tier gefordert. Manchmal versanken die Kanonen bis zur Achse im Morast. Es schien unmöglich, sie je wieder herauszubringen. Manchmal hingen sie schräg über abschüssigen Stellen, nur mit äußerstem Einsatz der Kräfte konnten sie vor dem Absturz bewahrt werden. Es war, als ob sich allenthalben die Erde öffnete und aus verborgenem Gestein Granaten spie.

Am Morgen des dritten Tages war Blace mitsamt seinem natürlichen Festungsgürtel von Anhöhen im Besitz unserer Infanterie. Die Serben hatten sich in die weiter zurückliegenden Dörfer zurückziehen müssen. Hinter Blace beginnt flacheres Land. Unsere Truppen beherrschten nun von den Anhöhen aus die feindlichen Stellungen. Die Ausgangspforte war geöffnet. Aber die widerspenstigen Pförtner durften nicht entwischen.

Ich liege bei einem Maschinengewehrzug auf der heißumstrittenen Höhe 505. Ein leichtgewellter bräunlicher Teppich breitet sich vor unseren Füßen aus. Im Hintergrund, etwa 30 Kilometer entfernt, erhebt sich das Hochgebirgsmassiv, das Novipazar vorgelagert ist. Die Schneehäupter blinken im Sonnenlicht. Aus dem nahen Dorf Stubalj pfeifen und rasseln die serbischen Gewehrgeschosse. Granaten trommeln auf die Häuser. Plötzlich entsteht hinter den Gehöften eine Bewegung: der Feind zieht ab. In kleinen Trupps flüchtet er rückwärts. Unsere Artillerie läßt sie ruhig gewähren. Sie glauben sich unentdeckt und sammeln sich auf einer Wiese. Von allen Seiten strömen sie herbei. Nun setzen sie sich ziemlich gedrängt in Bewegung. Über unsere Köpfe eilen heulend und knirschend schwere Geschosse. Ich halte den Atem an. Wo werden sie aufspritzen? Kleine Wölkchen tauchen über der serbischen Kolonne auf, wieder eines, wieder eines. Der abziehende Feind ist gefaßt. Ich verfolge die Wirkung durch das Glas. Erst ein kurzes Stutzen, dann löst sich die schwarze Masse blitzartig auf. Man rennt nach allen Seiten auseinander. Überall gebieten unsere

Granaten ein Halt. Man verkriecht sich in Gräben und Büsche. Sie schützen nicht gegen das herniederprasselnde Eisen. Die Torwache ist verloren. Unterdessen ist in langen Sprüngen unsere Infanterie im Dorfe drinnen, aus dem noch immer geschossen wird. Weiter geht es, ohne Ruhe und Rast. Die Kolonnen durch Schmutz und Schlamm hinterdrein. Auch von Prokuplje her ist der Feind zurückgeworfen. Von drei Seiten wird Kursumlija angegriffen. Es fällt nach kurzem Widerstand. Geschütze werden in größerer Anzahl erbeutet. Die Straßen und Seitenwege füllen sich mit den völlig abgerissenen Gestalten der Gefangenen und der Überläufer. Altserbien ist von serbischen Soldaten frei! Mit jeder Meile zerbröckelt das Überbleibsel und der Starrsinn. Eine weiße Schneedecke hat sich heute wie ein Leichentuch über das Land gebreitet.

Heldentod der Pferde.

Der Befehl lautete: Die frisch beladenen Munitionswagen müssen ohne Rücksicht auf die Pferde in der Morgendämmerung des folgenden Tages die bei B. stehenden Geschütze erreicht haben. Der Transportführer nahm den Zirkel aus der Tasche und maß die Karte. In etwa 20 Stunden waren 60 Kilometer zurückzulegen, an Stunden der Rast war nicht zu denken. Dabei mußte die schwere Last durch tiefen zähen Brei in steilem Gebirgswege gezogen werden. „Alles fertig machen!" Er klopfte einem der braven Tiere den Hals und strich ihm das struppige Haarbüschel aus der Stirne. Mehr im Spiel als aus Hunger suchte das weiche Maul seine Hand. Ein Glück, dachte er, daß du nicht weißt, was dir bevorsteht. Die Wagen standen bereit. Er hob die Hand, die Kolonne kam ins Rollen. Der Weg schien in die Ewigkeit zu führen. Die Pferde ließen schläfrig die Köpfe hängen und stampften vorwärts wie eine Maschine. Die Fahrer lagen schräg mit halbgeschlossenen Augen auf ihren Böcken, und auch die Reiter sanken immer mehr in sich zusammen. Selbst zum Träumen waren sie zu müde, ihr Gehirn war wie ein kahler, ausgeräumter Saal. Ein Trost, daß mit ihren Wagen auch die Sonne über das Firmament rollte. Zuweilen schreckten sie auf, wenn die Straße sich verstopfte, eine Furt oder eine brüchige

Brücke zu überwinden war. Dann riefen sie ihren Pferden zu oder sie schimpften mit anderen Fahrern, und es tat ihnen wohl, sich dadurch munter zu rütteln. Nach kurzer Rast fuhren die Wagen in die Unendlichkeit der Nacht. Willig zogen die schlappen Pferde an, sterbensmüde, aber ohne Widerstand schleppten sie ihr Kreuz durch die langen Stunden der Finsternis. Wenn die Fahrt stockte, zitterten sie an ihrem nassen Leib, aber sie klagten nicht und erfüllten ihre Pflicht. Dem Führer blutete das Herz. Er schämte sich fast vor ihnen und sagte zärtlich, es sei etwas viel, ihnen diese Fahrt zuzumuten, aber er könne nicht helfen, Befehl sei Befehl; wenn die Munition am Morgen nicht zur Stelle sei, sei für alle Gefahr. Ob die Tiere ihn verstanden haben? Es war gut, daß es Nacht war und er ihren traurigen Blick nicht sah. Sie spannten die Nerven und Muskeln und trieben die steif gewordenen Beine vorwärts. Kilometer für Kilometer schob sich das Wegband unter den Füßen durch. Vielleicht empfanden sie dumpf die Schwere ihres Sklavengeschickes, die Bitterkeit ihres Gehorsams.

Die Wagen waren zeitig zur Stelle. Ihre Ladung verwandelte wertlose Eisengestelle in dräuende sieghafte Kriegswerkzeuge. In einer Scheune wurden zwölf der heldenmütigen Pferde untergestellt. Einige davon sind wenige Stunden darauf unter qualvollen Angstzuständen eingegangen. Die durch die Überanstrengung hypertrophierte Herzmuskulatur, die in der Erregung der Bewegung sich nicht bemerkbar gemacht hatte, wurde dem ruhenden Körper zum Verhängnis. Sie hatten ihre Pflicht getan und mußten sterben. Wie viele unserer vierbeinigen Kameraden haben in diesem weglosen Lande das lebendige Wort dieser Zeit erfüllt: getreu bis in den Tod.

Antreten zum Neujahrsgottesdienst in Lescovac.

Heimkehr serbischer Flüchtlinge.

Transport serbischer Gefangener.

Die Festung in Usküb.

Das Ende.

Auf der Straße bei Pristina sind Löcher, bedrohlich wie Wasserwirbel, trügerisch zugedeckt mit einer Schlammdecke. Ein Ochsengespann, das in eine solche verborgene Vertiefung hineinstampfte, versank darin bis an die Brust. Vier Jahre hindurch fährt auf diesen einfach hergerichteten Wegen schweres Kriegsgerät. Wer konnte sich um Straßenbau kümmern? Die Hufe zerstampften, die Eisenräder zersetzten die schwächliche Straße, und der Sturzregen schwemmte die Überreste hinweg. Der Schmutz klettert an den Menschen und Tieren hoch. Stiefel und Kleidung verwandeln sich in ein erdfarbenes, krustiges serbisches Nationalgewand, über den Rücken und die Hinterbeine zieht sich die lehmige Decke. Die Pferde haben gelbe Hosen an, vom Bauch hängen ganze Tropfsteingebilde von Erde und Kot. Ein verwegenes Auto, das hindurch will, liegt vornübergebeugt und übersudelt in einer der Straßenversenkungen. Der Fahrer versucht immer wieder, es herauszubringen. Der Motor jammert, keucht und bohrt sich tiefer in den Lehm, während die sich rasend drehenden freien Hinterräder den Schlamm weithin herausspritzen, so daß die Gefolgschaft eiligst aus dem Bereich der Schmutzfontäne flüchtet. An einem langen Seil spannen sich etwa 100 Mann vor, der „Selbstbeweger" wird langsam wieder mobil. Freilich, lange wird sein Kraftmeiertum nicht vorreichen. Gleichmütig und schicksalsergeben rollen die Kolonnen in die Schlammpfützen hinein. Die Gewohnheit hat auch beim Infanteristen jedes Zagen und Zögern ausgetilgt. Nur die Neulinge im Feld empfinden noch Unbehagen, das widerliche, fröstelnde Gefühl, mit dem der Städter seinen blankgeputzten Schuh in unergründlichen Morast setzt. Es ist das Stocken des nicht geübten Schwimmers vor dem Kopfsprung. Mit solchen Geziertheiten gibt sich der Feldsoldat nicht mehr ab. Höchstens daß er einmal einen Sprung zu einem Stein oder einer festen Scholle macht oder wie eine Ziege an einem Abhang entlang klettert. Im übrigen watet er getrost und guter Dinge in den Quark hinein, in der gleichmütigen Zuversicht, daß er einen Untergrund findet und wieder an festes Ufer gelangt.

Hier im Sandschak wird man auf Schritt und Tritt daran erinnert, daß man sich auf altem türkischen Boden befindet. Novi-Pazar, Mitrowitza, Pristina weisen jene engen Straßen auf, wo die Holzhäuser vertraut und zusammengekuschelt beieinanderstehen, als wollte eines dem andern die täglichen Neuigkeiten zuraunen. In den belebten Bazaren, Kaufläden und Kaffeehäusern herrscht die türkische Tracht vor. Die Straße ist das bunte, lärmige Wohnzimmer. Freudige Erregung herrscht überall; denn die Serben haben hier wenige Freunde. Und was hat man sich in diesen Tagen nicht alles mitzuteilen. Die Gedanken, Empfindungen, Arme und Beine kommen nicht zur Rast. Ruhiger liegen die Straßen da mit den weißen Steingebäuden, die das Stadtbild so sauber und schmuck von den gebirgigen Hängen abheben. Von überwältigender Schönheit ist auch dieser Landstrich, der dem Serbenherzen heilig ist wie kein anderer, wo serbische Heerscharen und Zukunftsträume nun zum zweitenmal zerschellten. Nach dem zweiten Balkankrieg war hier wie im Süden neues gesegnetes Land dazu erworben worden. Statt sich erst einmal der Aufgabe zuzuwenden, es kulturell und wirtschaftlich auszubauen, es innerlich zu erwerben, zu einer Quelle der Kraft und des Reichtums auszugestalten, berauschte man sich an dem Bewußtsein der erzielten Erfolge. Es gab nichts, was man sich nun nicht zutraute. Ländergier und ein frevles Spiel mit der eigenen Kraft benebelten die Köpfe. Der sechsjährige Schulknabe, der Gelehrte, der Kaufmann, der Techniker, alle waren sie nur von dem einen Gedanken beherrscht, das serbische Reich mit allen Mitteln weiter auszudehnen. Gierig richteten sich die Blicke auf Albanien, Bosnien, Herzogewina, Kroatien.

Nachdem eine deutsche Division sich auf der Straße von Kursumlje her südlich Podujewo den Eingang in das Sjenicatal erkämpft hatte, war die im Süden von den Bulgaren umzingelte Stadt Pristina nicht mehr zu halten. Eine gewaltige Leistung wurde hier wieder vollbracht. Der einzige sozusagen fahrbare Weg durch hohes Gebirgsland mußte dem Feind entrissen werden. Rechts und links schoben sich zerklüftete Berge in einer Höhe von 1000 bis 1500 Meter an diese einzige Straße heran. Starke serbische Nachhuten mit reichlicher Artillerie hielten sie Tag und Nacht unter Feuer. Natürliche steile Wälle, hinter denen sich der Verteidiger verbarg, legten sich quer über diesen einzigen Zugang zum Amselfelde. Die Serben hatten bestimmt erwartet, hier unsere Offensive zum Stehen bringen zu können. Sie haben sie nicht einen Tag aufzuhalten vermocht. In aufgelösten Linien wurden die Hänge, die vom Feinde besetzten Höhen und Felsennester erklettert oder umgangen. Eiligst wurden die serbischen Geschütze zurückgezogen. Auch die Infanterie wurde aus ihren Verstecken geholt. Nach kurzem Widerstand war die Hochgebirgsenge freigegeben. Ein Meisterstück strategischer Kunst, eine soldatische Musterleistung war wie ein automatisches Spielwerk ausgeführt. Es gilt uns wie selbstverständlich, daß das Tal im Handumdrehen gesäubert war. Die Serben haben seit der Donau Dutzende derartiger „uneinnehmbarer" natürlicher Stellungen räumen müssen. Der tägliche Erfolg schmiedet den Willen, unbeugsam und unzerbrechlich kämpft er sich vorwärts. Sein Waffenglück beweist dem deutschen Soldaten, daß es für diesen Willen kein Hindernis gibt. Und doch ist jede dieser Einzeltaten des serbischen Feldzuges eine Großtat für sich, ein notwendiges Glied in der Kette des Gesamterfolges.

Nachdem der Taleingang erkämpft war, rückten die deutschen Truppen so überraschend gegen Pristina vor, daß die Serben diese Stadt Hals über Kopf in der Abenddämmerung verließen und große Beute opferten. Aus Ärger darüber beschossen sie am nächsten Morgen den Bahnhof dieser Stadt. Aber auch dieser nachträgliche Abschiedsgruß an die Zivilbevölkerung war ein nutzloser Zerstörungsversuch. Hinter Pristina kam es nochmals zu einem zähen Widerstand großer, neugeordneter Nachhutverbände. Er sollte den Abzug des kleinen Überrestes der aktiven serbischen Armee decken. Nach serbischer Gewohnheit wurde Landwehr, die man doch nicht über die Grenze abzuschleppen vermochte, für diese Nachhutkämpfe verwandt. Sie war einige Tage regsam tätig und ergab sich dann in Massen. Der Versuch, von Prizrend aus an der albanischen Grenze entlang durch das Drinizital zu der bei Monastir kämpfenden serbischen Armee durchzustoßen, wurde durch die Bulgaren vereitelt. So blieb nichts übrig, als alle Geschütze, soweit sie nicht zusammenlegbar von Maultieren getragen werden konnten, also fast das gesamte Kriegsgerät und den Troß im Stiche zu lassen und mit der geringen Schar der verbliebenen Truppen auf albanischen und montenegrinischen Saumpfaden wenigstens das nackte Leben zu retten.

An der albanisch=montenegrinischen Grenze wurden die Überreste aus der serbischen Zeit des Peter Karageorgevic zusammengewirbelt. Es ist, als ob eine mächtige Brandung über das Land geflutet wäre, alles, was nicht innerlich festen Halt hatte, mitgerissen und größtenteils verschlungen hätte und nun, hier an der serbischen Grenze, die zerfetzten Überreste als Strandgut ans Land spie. Als letzte Erinnerung an sein Königreich mag König Peter dieses Bild mit in die Ferne genommen haben: die Gefangenen und Überläufer, die in erbarmungswürdiger Kleidung sterbensmüde die Straße entlang ziehen, die alten Männer, die Frauen und Kinder, die sich verleiten ließen, vor unseren Truppen zu flüchten. Kaum ein Obdach in bitterer Winterkälte, im kalten Regen, im eisigen Wind. Das Land hier ausgeplündert von den serbischen Soldaten, kein Brot, kein Fleisch, Krankheit und Tod. In den Maisfeldern kauern sie um die Lagerfeuer, in Decken gehüllt, die Kinder vielfach in den Kleidungsstücken Erwachsener. Ihre fast einzige Nahrung ist der Maiskolben. Kinder knabbern daran und essen die Körner roh auf. Manche, die noch über Fuhrwerk und Ochsen verfügen, raffen sich auf und machen sich auf den Heimweg. Andere lassen alles im Stich und wandern wie geistesirr zu Fuß in das Landesinnere zurück. Aber viele bleiben, sie schauen völlig apathisch vor sich hin, als ob sie hier den Tod erwarten wollten.

Die Arnauten, die türkischen Einwohner dieses Landes, fühlen den Haß gegen die serbischen Eindringlinge in sich neu auflodern. Noch vor wenigen Jahren haben sie mit ihnen in erbittertstem Kleinkrieg gestanden. Es sind stolze Gestalten, ihre Waffenhilfe leistet gute Dienste. Neugierig betrachten die verschleierten Frauen den endlosen Zug der feldgrauen Germanen. Auch in Albanien regt sich alte Feindschaft gegen das Serbenvolk. Der Zugverkehr von Üsküb nach Pristina hatte längst eingestellt werden müssen, weil albanische Horden die Züge überfielen und beraubten. Die stämmigen, buntgezierten Albaner treiben sich hier im Grenzgebiet in Massen herum. Die Beutegelegenheit lockt ihre kriegerische Natur. Ihre Gesänge sind wild und eintönig wie die Tanzlieder der Indianer. Von offenen Feinden und heimlichen Wegelagerern ständig bedroht, weicht die kleine Serbenschar zurück. Ihr eitler Trotz erntet einen Schrecken ohne Ende.

Im bulgarischen Kasino.

Die leichtlebigen, phantasiebegabten Serben verstehen sich besser darauf, Feste zu feiern, als die stillen, schwerblütigen Bulgaren, deren Ernst dem oberflächlichen Urteil zuweilen als zurückhaltendes Mißtrauen erscheinen könnte. Sie erinnern in manchem an die Art der Schwaben, gehen ohne viel Aufhebens fleißig ihrer Arbeit nach, machen nicht viel Federlesens mit der leeren Höflichkeit der Welt, verschließen und verleugnen ihr inneres Leben wie ein Geizhals seine Schätze und sind doch von tiefer Leidenschaftlichkeit des Empfindens und Handelns erfüllt. Die Serben sind hochgewachsen, von schmalem Gesichtsschnitt, zweifellos „schöne Männer", die Bulgaren gedrungen, breitschulterig, die Verkörperung urwüchsiger Kraft und Energie. Man wird selten einen Bulgaren lachen sehen. In der bräunlichen Kameelhaaruniform wirkt die von der Sonne dunkel getönte Hautfarbe beinahe düster. Die Verschiedenheit der Sprache erschwert es zudem, die spröde Schale zu durchdringen.

Eines Abends irrte, wie Diogenes mit der Laterne, ein älterer, kurzsichtiger Herr in Zivilkleidung durch die Straßen von Nisch. Bulgarische Offiziere, die ihm begegneten, wollten ihm behilflich sein. Als sie nun erfuhren, daß sie Ludwig Ganghofer vor sich hatten, nahmen sie ihn mit sich in ihr Kasino, wo er von Stund'

an Stammgast wurde. Am nächsten Abend folgten wir einer
Einladung dorthin. In einem Gasthaussaal war ein großer Tisch
festlich geschmückt und mit Wein, Obst und Kuchen beladen. In
den niederen Räumen war eine Regimentskapelle untergebracht,
deren schmetternde Gewalt zu dem vorhandenen Luftraum in einem
für unsere Ohren zerschmetternden Mißverhältnis stand. Mit
einem freudigen Tusch wurden wir empfangen. Die Offiziere
erhoben sich und klatschten in die Hände. Wir waren Gäste eines
Regimentsstabes, der etwa 40 Offiziere umfaßte, von denen ein
großer Teil der deutschen Sprache kundig war. Mein Nachbar,
ein Bataillonsarzt, der in Berlin studiert hat, erzählt mir, soweit
die Musik es zuläßt, von den schweren Kämpfen der vergangenen
Wochen. Der Widerstand des Feindes sei stellenweise überaus
erbittert gewesen, die eigenen Verluste waren beträchtlich. Das
schwierige Gelände brachte es mit sich, daß sein Verbandsplatz
wiederholt im heftigsten Schrapnellfeuer lag. Die draufgängerische
Wucht der bulgarischen Truppen sei kaum zu bändigen gewesen.
Dabei sei die Führung in der Milde dem Feinde gegenüber oft
weiter gegangen, als es die Pflicht der eigenen Sicherung zuließ.
Man habe festgestellt, daß sich Serben oftmals gefangen gaben, nur
um Spionage zu treiben. Die vertrauensselige Beaufsichtigung
der Gefangenen ermöglichte es manchem von diesen, zu ihren
Regimentern zurückzukehren. Erst als festgestellt worden war, daß
dieselben Leute wiederholt sich gefangen gaben, wurde die Aufsicht
verschärft. Der Oberst hielt eine Ansprache. Er gedachte der
Zeit, als er als Delegierter seines Landes an festlichen Tafeln in
Paris und London weilte. Die schlichte Gastlichkeit, die er hier
bieten könne, müsse sich in dem kleinen Rahmen halten, die den
bescheidenen Verhältnissen seines Landes und der Zeit entspreche.
Dafür aber biete er die aufrichtige Festlichkeit der waffenbrüderlichen
Gefühle. Sein Hurra galt den verbündeten Monarchen. An seine
Ansprache wie an die Antwort von deutscher und österreichisch=

ungarischer Seite schlossen sich die Nationalhymnen der befreundeten Länder.

Die bulgarische Steifheit hatte belebteste Formen angenommen. Die Schale war gesprengt, und wir sahen einen Kern freundschaftlicher Empfindung, kraftvollster Seelenschwingungen. Wir sangen das bulgarische Nationallied von dem Verrate der Serben, das nach dem ersten Balkankriege entstand und dessen fortglühendes Feuer nun zu einem verzehrenden Brande geworden ist. Wiener Klänge lockten zum Tanz. Bulgarische und deutsche Uniformen wirbelten ausgelassen durch den Saal, daß einer Ballmutter hätte ängstlich zu Mute werden können. Biegsam sehnige Gestalten führten bulgarische Nationaltänze auf, der 61jährige Ganghofer gab den Volkstanz der bayrischen Berge zum besten und schuhplattelte wie ein verliebter Bua. Selten hat dieses Gebärdenspiel fröhlichster Ausgelassenheit größere „moralische Eroberungen" gemacht. Im Ringelreihentanz schlossen sich im ernsten Gewande des Krieges Menschen ferner Welten zusammen, die der Kampf und Tod zusammengeführt hatte, und die sich im lachenden Leben nun wiederfanden.

Auf der Straße nach Sofia.

Die Staatsstraße, die von Nisch nach Sofia führt, ist ein Netzstreifen des Weltverkehrs, die Brücke von Serbien nach Bulgarien und der Türkei. Aber auch diese Lebensader des Landes hängt in Gestalt eines dünnen Saumpfades über abschüssigen Hochgebirgsklippen, jedem schwereren Gefährt ein drohendes Verhängnis. Wir befinden uns hier im Kriegsgelände der Bulgaren. Auch für sie war der serbische Feldzug ein Kampf mit den Straßen. Die serbische Regierung hatte früher eine einfache Methode des Straßenbaues. Die zu den Milizübungen aufgebotenen Männer, die jeweils nach der Ernte eingezogen wurden, mußten unter Aufsicht von Offizieren von Mitte Oktober bis zum Eintritt der Winterfröste unentgeltlich an dem Bau und der Wiederherstellung der Straßen arbeiten. Später wurden die Kreisbehörden mit der sachkundigen Straßenpflege betraut. Während des dreijährigen Krieges aber wurden die wenigen vorhandenen Kunststraßen zerwühlt und völlig verwahrlost.

Wir wollten mit dem Automobil nach Pirot und hatten über die Beschaffenheit der Straße, wie üblich, die widersprechendsten Auskünfte erhalten. Hinter Nisch führte sie in das Gebirge hinein und geriet nun außer Rand und Band. Eine Art Saumweg schlängelte sich an dem Bach eines kahlen, tiefgefurchten Tales zur

Wasserscheide empor. Die Erde war von dem purpurnen Gestein des Bodens rot gefärbt. Silbergraues Moos hing als einzige Vegetation über den felsigen Blöcken. Ewiges Schweigen ruhte im Grunde dieser Völkerstraße, nur oben in den Lüften zogen Schwärme kreischender Dohlen vorüber. Der Weg wurde steiler, und der Motor dampfte und hämmerte. An einer Biegung kam uns plötzlich ein Wagenzug vor Augen, der wohl vor tausend Jahren hier stecken geblieben war, breiträderige Karren, von langhörnigen Ochsen gezogen, geführt von Männern im Kostüm der Urzeit, mit Fellmützen, die Körper und Beine mit bunten Lappen umwickelt. Die Straße ging ohne viel Umschweife über Felsblöcke und haltloses Geröll in kühnen Windungen auf die Paßhöhe zu, die im Nebel lag. Über eine jäh abfallende, schlüpfrige Felsenstraße eilte der Wagen talwärts. Serbische Soldatenmäntel tauchten aus dem Gestein. Es hatte fast etwas Erschreckendes, in dieser Einöde Menschen zu begegnen. Gefangene arbeiteten hier oben unter Aufsicht bulgarischer Soldaten an der Ausbesserung der Straße. Das war ja auch im Frühwinter ihre Arbeit zur Friedenszeit. Ein neuer Bergkamm mußte erstiegen werden, in einer lehmigen Mulde blieb unser Wagen stecken. Vor einem einsamen Haus, das in der Nähe lag, standen Kinder, trotz der scharfen Höhenluft fast unbekleidet, gelbliche, hohlwangige Gesichter. Eine Frau lugte mit irrem Blick ängstlich durch die Türspalte.

Auf der Straße fuhren die bulgarischen Geschütze gegen Nisch, dieser Weg mußte die Ernährung der westwärts vordringenden Truppen sicherstellen. Es grenzt ans Wunderbare, wie es möglich war, die schweren Lasten auf dem schmalen brüchigen Untergrund durch die Berge und Täler hindurch zu bringen. Auf dieser Straße fuhr Zar Ferdinand zum Einzug in Nisch.

Im Balkanzug.

Der erste Tag war im Träumen dahingegangen. Die Telegraphendrähte tanzten auf und nieder, auf den Rädern klopfte Ahasver ein lustiges Lied. In die leise dahingleitenden Gedanken mischten sich die milden Farben der winterlichen Landschaft. Die Städte dampften in heißer Arbeit, die Felder lagen gepflegt und geordnet in der winterlichen Truhe. Nur die Zeitungen schrieben vom Krieg und störten uns aus dem frohen Glauben auf, daß dieses gelenkige, behende Wesen, das den südöstlichen Gefilden zueilt, nicht die Gestalt eines schwarzen, rußigen Wurms, sondern das schimmernde Gefieder einer Friedenstaube hat, die dem Morgenlande den Ölzweig Mitteleuropas bringt. Der Balkanzug hat es verwünscht eilig. Früher brachte es ein gütiges Geschick mit sich, daß uns der fehlende Zuganschluß an so angenehmen Stätten wie Budapest für einige Stunden, zuweilen gar einen halben oder ganzen Tag an den Strand setzte. Nun huschte die lichter- und lebensfrohe Königin der Nacht im düsteren Mantel an uns vorüber. Aber ein halbes Stündchen haben wir mit ihr in der lichten, belebten Bahnhofshalle doch geplaudert. Dann fuhren wir wieder in den Tunnel der Nacht hinaus. Vor unseren schlafmüden Augen wirbelten glitzernde bunte Uniformen, pelzbesetzte Samtkostüme, zarte, feine Gesichter und wunderschöne, pußtaverträumte Augen durcheinander. Das Klopfen der Räder verlor sich in der Ferne.

Dumpf rollte der Zug über eine lange Donaubrücke. An dem schlummermatten Bewußtsein gleitet die Festung Peterwardein, die Erinnerung an Prinz Eugen, vorüber. In wenigen Stunden sind wir auf balkanischer Erde.

Wir waren am zweiten Tag frühzeitig munter. Als erste verheißungsvolle Nummer stand Belgrad auf dem Tagesprogramm. Der Zug hielt; ich rieb die Scheiben blank und las: „Zemun". Wir waren fahrplanmäßig in Semlin eingetroffen. Ich rüttelte meinen Schlafkameraden: Hallo, wir sind gleich in Belgrad! Das Fenster ging herunter. Zu Füßen des Eisenbahndammes wiegten sich im Morgenwind die weiten Wasser der Save. Über den weißen Häusern Belgrads stieg das Purpurlicht des neuen Tages auf. Auf der Festung flatterten Fahnen. Langsam und bedächtig schob sich der Zug auf die neuhergestellte Eisenbahnbrücke. Die Landschaft verschwand im Gitterwerk, und wir sahen staunend dieses Kunstwerk aus Nieten und Streben, das zwei Welten ineinanderfügte. Blank gescheuert wie eine Puppenstube lag der Belgrader Bahnhof vor uns, in dem wir eine halbe Stunde Aufenthalt hatten. Wir traten vor das stattliche Gebäude und sahen in dem Bild der amphitheatralisch aufsteigenden Stadt keinerlei Kennzeichen des Krieges. Die Straßenbahn fuhr vorüber; die hohen Bürohäuser schienen sich zu alltäglicher, friedlicher Arbeit zu rüsten. Als unser Zug jedoch den Bahnhof verließ und durch das Kampfgelände an der Save fuhr, kamen wir dem Brandstifter Krieg auf die Spur. Da lagen die Ruinen der staatlichen Tabakfabrik, deren köstliches Kraut acht Tage lang gequalmt hatte; sein bläulicher Duft war wie aus einem riesenhaften Opfergefäß gen Himmel gestiegen. Wir sahen zerstörte Fabriken, zertrümmerte Häuser und gedachten der Truppen, die hier den ersten Angriff auf serbisches Gebiet unternommen haben. Der Zug stieg langsam an wassergetränkten Feldern vorbei in das Hügelland hinein. Zur Linken reckt sich stolz das einsame Haupt des Avala-Berges.

Knorrige, gedrungene Eichen stehen melancholisch auf den welken Wiesen. Wohlhabende, hellschimmernde Häuser tauchen in dem Weide- und Gartenland auf: Ripanj. Die Lokomotive kreischt auf, die Sonnenfackel erlischt, wir sind in dem 1600 Meter langen Ralja-Tunnel. Ich erinnere mich an die Erzählungen eines deutschen Offiziers, der als erster mit einer Patrouille diese Katakomben vom Feinde zu säubern hatte. Man konnte kaum annehmen, daß der Feind diese wichtige Verkehrsader unbeschädigt ausliefern würde. Es galt jedenfalls, sie so rasch als möglich in Besitz zu bekommen. In den ersten Morgenstunden brach die Patrouille auf. Auf dem Schotter der Geleise tastete sie sich mit gespannten Sinnen durch die Dunkelheit vorwärts. Plötzlich tauchte in der Ferne ein rötliches Licht auf, eine Taschenlampe, die näher zu kommen schien. Man hielt sich zum Kampfe bereit und drang im Sturmschritt vor. Da nahm das wachsende Licht die Form des Tunnels an, und man erkannte, daß es das rosige Frühlicht des Tages war, das der nächtlichen Patrouille am Ziel entgegenleuchtete. Dieser 1½ Kilometer lange Tunnel ist in früheren Jahren wiederholt vom Einsturz bedroht gewesen und einmal teilweise zusammengebrochen. Große Sorge bereitete auch lange Zeit der anschließende Steindamm, der durch das Ralja-Tal führt. Hier ist ein Steinbruch, aus dem wertvoller, metallisch geäderter Marmor gewonnen wird. Ein Hauptmann erzählte mir, daß man hier ältere deutsche Lokomotiven fand, deren Pneuelstange zerbrochen worden war. Man fragte unter Angabe der Jahreszahl und Nummern telegraphisch bei den Fabriken in Kassel und München an, ob Ersatzstangen geliefert werden könnten, und es ist ein glänzendes Zeugnis von der Leistungsfähigkeit und Initiative deutscher Industrie, daß diese Firmen, ohne sich lange mit bürokratischen Auseinandersetzungen aufzuhalten, sofort nach Empfang der Anfrage Mechaniker mit den erforderlichen Teilen auf die Bahn setzten, sodaß in wenigen Tagen jede Maschine wieder völlig gebrauchsfertig war.

Freundliche Dörfer schmiegen sich an die Hügel; wir sind im Reiche der Pflaumenbäume. In den Zeiten der Ernte ist dieser Landstrich in Mus getaucht. Hier wird seit alters her der Pflaumenschnaps gebraut; hier gerieten aber auch die Köpfe wiederholt in politische Gärung. Jedes Dorf hat seine Heldengräber, Erinnerungen an Aufstände, die stürmisch begannen und blutig endeten.

Die erste größere Station ist Palanka. Von dem netten Landstädtchen erzählt die Historie, daß hier einst der Markgraf von Baden sein Lager aufgeschlagen hatte, als er die Türken von Belgrad aus verfolgte. Es erhielt eine dauernde Besatzung, bestehend aus Deutschen und Serben, die sich der deutschen Fahne angeschlossen hatten. Heute ist Palanka berühmt durch seine Viehmärkte und Bäckereien. In Velika Plana mündet die Bahnlinie von Semendria her ein. Es war die erste Strecke, die von unseren Truppen hergestellt worden war. Sie hat in den Moravatal-Kämpfen eine wichtige Rolle gespielt. Nun sind wir in der breiten Niederung der wasserreichen Morava und folgen ihrem Laufe flußaufwärts. Bunt bekleidete Einwohner stehen in den Säulenveranden ihrer Häuser und betrachten gleichgültig den geheimnisvollen Zug. Es sind meist Frauen und Kinder, aber auch Männer sehen wir darunter. Auf den Bahnhöfen arbeiten russische Gefangene. Sie sind rotwangig, wohl genährt und guter Dinge. Der Zug überquert den schäumenden Fluß, und wir bewundern das Übermaß von Arbeit, das unsere Eisenbahner und Pioniere in diesem Lande leisten mußten.

Hinter dem großen deutschen Etappenort Jagodina kommen wir in die serbische Schatzkammer. Die hohen Steinkulissen bergen Eisenerzlager, Kupferadern, Stein- und Braunkohlen. Die schwarzen Borstentiere, die sich in einem schlammigen Hofe jagen, freuen sich ihres geretteten Daseins. Auf den Bahnhöfen begegnen wir nun öfter den ernsten kraftstrotzenden Gestalten unserer

Im Balkanzug.

bulgarischen Verbündeten. Was muß es für die Fahrtteilnehmer, die einst das Land mit dem Schwerte erobern halfen, für ein eigenartiges Gefühl sein, nun in diesem behaglichen Gefährt das Land zu durchqueren, das sie vor kurzem noch Schritt für Schritt im Schlamm und Pulverdampf besetzen mußten. In den Nachmittagsstunden wandte sich der Zug aus der Südrichtung nach Osten. Vor uns lag ein anmutiges Stadtbild, im Hintergrunde von steilen, zackigen Hochgebirgswänden umstellt, Nisch. In scheuem Bogen fährt das Züglein um das alte Verschwörernest herum und stürzt sich mutig in die romantischen Talschluchten der Nochawa. Die Eisenschienen hüpfen hin und her über den reißenden Fluß, um an den eng zusammengedrängten Felsen vorbeizukommen. Nirgends wird man daran erinnert, daß hier noch vor wenigen Monaten ein Krieg getobt hat, der um Leben und Tod des Landes ging. Die Fahrt geht an der Bergfeilung Pirot vorbei, deren Teppichkunst einen Weltruf hat und nähert sich nun der bulgarischen Grenze.

Der Zerstörer Krieg hatte die serbischen Eisenbahnen auseinandergerissen und zersplittert, der Kulturschöpfer Krieg hat sie wieder aufgebaut. In diesem unruhigen Lande haben auch die Eisenschienen ihre Kriegsgeschichte. Serbien hat als letzter der größeren Balkanstaaten, von Montenegro abgesehen, als das letzte Land Europas den Bau von Eisenbahnen zugelassen. Der Berliner Vertrag von 1878 zwang die serbische Regierung, die 364 Kilometer lange Strecke Belgrad—Nisch—Vranja zu bauen, das fehlende Bindeglied zwischen dem ungarischen und türkischen Bahnnetz. Mehrere mit dem Bau beauftragte Firmen gingen daran zugrunde. Mit Mißtrauen und Unmut gab der serbische Bauer das Gelände für die fremden Eindringlinge her, die die Eisenschienen durch seine Äcker legten und mit den ihm höchst verdächtigen, dampfenden und pfeifenden Ungetümen in sein geheiligtes Reich eindrangen. Mit erheblicher Verzögerung war die Strecke

1887 fertiggestellt. Das Vorurteil gegen die Eisenbahnen schwand aber bald in Serbien. Es entstanden Nebenlinien und Flügelbahnen. Die serbische Regierung erkannte frühzeitig die Bedeutung dieses neuzeitlichen Verkehrsmittels für den Staatssäckel und legte 1889 Beschlag auf die Rechte und den Besitz der Privatbahnen. Nun befindet sich der serbische Bahnbetrieb in den Händen deutscher und bulgarischer Eisenbahntruppen. Nachdem die militärischen Transporte durch den Wiederaufbau des Bahnnetzes sichergestellt sind, kommen auch die friedlichen Aufgaben des Schienenverkehrs wieder zu ihrem Recht. Die Balkanzüge sind die Verkünder wiedergekehrter Ruhe und Sicherheit geworden.

Die k. u. k. Kameraden.

Die Waffenbrüderschaft, die in den Karpathen, in Polen und in Galizien die Feuerprobe so glänzend bestanden, wurde in Serbien aufs neue zusammengeschweißt.

Die fechtenden Truppen der Armee Gallwitz bestanden zwar nur aus Deutschen, der Nachschub der Munition und Verpflegung lag jedoch teilweise in den Händen unserer Verbündeten. Der hervorragende Generalstabschef Conrad von Hötzendorf hatte 1878 im Stabe einer Infanterie-Division an dem bosnisch-herzegowinischen Okkupationsfeldzuge teilgenommen, sodann als Generalstabshauptmann an der Niederwerfung des Aufstandes in Süd-Dalmatien mitgewirkt und seine Erfahrungen in überaus lehrreichen Abhandlungen niedergelegt. Als späterer Chef des Generalstabes hat er taktisch und technisch die Nutzanwendung daraus gezogen. So kam es, daß Österreich-Ungarn in allen Einzelheiten für den Gebirgskrieg vorbereitet war und den Kampf in das zerklüftetste Gelände tragen konnte, wo Weg und Steg sich im Karst verlieren und unsere hochgewachsenen Pferde nicht weiterkommen. Gebirgsmannschaft und geeignete Lasttiere wurden daher schon im Frieden in großer Zahl bereitgestellt und in Manövern erprobt. Die Kroaten, Bosniaken, Dalmatiner, stämmige schöne Gestalten, an denen man seine Freude hat, bezwingen spielend das unwegsamste Gelände, die Maultiere und die anspruchslosen abgehärteten kleinen bosnischen Pferde klettern wie Gemsen über das rauhe Gestein. Die österreichische Gebirgsartillerie packt die zerlegbaren Geschütze und die Munitionskästen auf ihren Rücken und steigt mit ihnen über die steilsten Kämme. Auch die Gebirgs-Maschinengewehrabteilungen haben sich von den rollenden Rädern freigemacht, für die in den unerschlossenen Einöden zumeist der Untergrund fehlt. Ebenso wird der ganze Train in Körben oder Säcken auf dem geduldigen Rücken der zähen ponyartigen Pferde verstaut. Dieses Material an Lasttieren, an Tragsätteln, an erfahrenen Gebirgsführern hat den Nachschub an die täglich vorgerückte Front gegen alle Fährlichkeiten sichergestellt. Aber auch Genietruppen, Brückentrain, Gendarmerie der verbündeten Streitkräfte halfen wacker mit, die Schwierigkeiten und Tücken des Geländes und seiner Bewohner zu überwinden.

Bei der Armee Köveß befanden sich auch unter der fechtenden Truppe österreich-ungarische Verbände. Sie haben ruhmreichen Anteil an der Einnahme Belgrads. Während deutsche Divisionen die serbische Hauptstadt über die Zigeunerinseln der Save angriffen, setzten sich k. u. k. Truppen zu Füßen der Zitadelle fest, anderthalb Tage im verheerenden Feuer der serbischen Gewehre und Artillerie. Bei der Erstürmung des Avalaberges erzwangen sie den östlichen Hang. Die täglichen Kämpfe und die zunehmenden Entbehrungen, die der Armee Köveß bei ihrem raschen Vorwärtsbringen über Arangjelovac, Grn. Milanovac, Cacak, Kraljevo nach Novipazar, Mitrovica zu bestehen hatte, wurden ehrlich und bundesbrüderlich geteilt. Von welchem Geist und welcher Tüchtigkeit diese Truppen beseelt sind, das haben sie bei ihrem weiteren Winterfeldzug durch Montenegro und Albanien aller Welt kund getan. Wir sind stolz auf diese Leistungen unserer Verbündeten und voll Zuversicht, daß wir an ihrer Seite dem stärksten feindlichen Anprall Trotz bieten, allen großmächtigen Gegnern unseren endgültigen Willen aufzwingen werden.

Der Siegeszug des Willens.

In den Julitagen 1915 lag Belgrad im Fieber. Rußlands Millionenheer war an der deutsch-österreichischen Grenze aufmarschiert. Die Hoffnungen schwollen ins Unmenschliche. Von den Höhen des Kalimegdan schaute man wie ein Triumphator hinunter in das ungarische Land. "Wir haben die Türken geschlagen, wir haben die Bulgaren besiegt, nun werden wir die Schwabas schlagen!" Schwaba — das ist der Allgemeinbegriff für die Europäer mit Ausnahme der Russen. Ein Blutrausch kam über das Volk. Der Dünkel und Wahnwitz, der in der innerlich unreifen Kriegernation steht, jedes kritische Maß vermissen läßt und in der Unersättlichkeit vor keinem Verbrechen zurückschreckt, dampfte aus allen Poren und benebelte die Sinne. Der Kronprinz, der Vertreter der Dynastie, die diesen Größenwahn schürte und verkörperte, fuhr durch die Stadt, peitschte die Leidenschaften auf und erntete billige Lorbeeren. Fünfviertel Jahre später verkroch sich Belgrad hinter seine Mauern, in seine Keller. Wer nicht im Schlupfwinkel verblieb, flüchtete Hals über Kopf in den Schutz des Landesinnern. Die Schwabas waren über die Donau gekommen. —

Mit eisernen Fäusten hatten sie die Trutztore an der Donau eingeschlagen. Der tapfere Widerstand der Serben war in seinem

Rückgrat gebrochen. Die Armee, das serbische Volk in Waffen, geriet in raschen Verfall. An eine Offensive war nicht mehr zu denken, ein Standhalten gegenüber dem gewaltigen Ansturm von Kraft und Eisen nicht möglich. Für die Serben gab es seit dem Verlust der Donau nur einen Befehl: den Rückzug.

Die Armee Gallwitz, aus deutschen Truppen gebildet, drang im Moravatal und über die Berge rechts und links dieser breiten, wasserreichen Niederung in das Innere des Landes. Nach etwa einer Woche hatte ihr rechter Flügel den Anschluß an die von Belgrad aus vormarschierende Armee Köveß erreicht. Bei Pozarebac, unweit der Donau, kam es nochmals zu einem Aufenthalt. Der Widerstand wurde in wenigen Tagen gebrochen. Eine Gruppe, die bei Orsova übergesetzt war, trieb der Armee Gallwitz den Feind aus dem nordöstlichen Winkel dem Serbenlande zu.

Der Rückzug der Serben wurde mit Geschick durchgeführt. Das gebirgige Gelände bot die Möglichkeit, das Ungestüm unserer nachdrängenden Truppen mit wenigen Geschützen und Gewehren solange aufzuhalten, bis der eigene Nachschub in Sicherheit gebracht war. Im allgemeinen wurde die serbische Artillerie sehr früh zurückgezogen, man versagte lieber der Infanterie den Schutz der Kanonen, als daß man diese in Gefahr bringen wollte. Auch die Linienregimenter wurden frühzeitig aus der Gefahrzone geschoben. Sie wurden geschont für die Offensive, gemeinsam mit der heiß ersehnten Entente. Bestand die Absicht, eine Stellung bis zum letzten zu halten, so wurde hierfür zumeist der Landsturm verwandt. Man wußte ja ohnedies, daß die große Masse der unter Waffen befindlichen Bevölkerung innerlich gebrochen und kampfmüde war. Die Familienväter und bäuerlichen Hofbesitzer machten im allgemeinen ihren Separatfrieden, sobald ihre Gegend im Besitze der Zentralmächte war. Der schöne gesetzliche Brauch in Serbien, daß der dortige Grund und Boden in einem gewissen

Umfange unveräußerlich ist, verwurzelt Blut und Leben des
Bauern viel enger als anderswo mit seiner Scholle. Als er
es nicht verhindern konnte, daß diese in feindliche Hände geraten
war, und er erfuhr, daß seinem Haus und seinen Angehörigen
nichts Schlimmes geschah, kannte er nur die eine Sehnsucht, in
sein Heim, auf sein Grundstück zurückzukehren. Im übrigen mochte
die Regierung, die den Krieg eingebrockt hatte, sehen, wie sie aus
dem Schlamassel herauskam und das Land rettete. Jeder weitere
Quadratkilometer eroberten Landes vermehrte daher die Zahl der
offenen und versteckten Überläufer.

Die aktiven Regimenter und die jüngeren Jahrgänge blieben
allerdings fest in den Händen ihrer Offiziere. Die Hoffnung auf
die Hilfe der Entente veranlaßte die Führung und die Truppen,
den Vormarsch der Unsrigen mit Kräften zu erschweren und zu
verlangsamen und sich dabei doch nach Möglichkeit den Vorstößen
unserer Truppen zu entziehen. Es ist aufgefallen, daß wir im
allgemeinen nur wenige aktive serbische Offiziere gefangen genom=
men haben. Sie befanden sich wohl zumeist bei den Linienregi=
mentern, die sich, wie schon erwähnt, frühzeitig in Sicherheit
brachten. Andererseits ist bekannt, daß viele aktive Offiziere, die
der Gefangenschaft nicht zu entrinnen vermochten, sich Mannschafts=
kleider anzogen oder in Verstecke flüchteten, um in dem Gewand
eines Bauern oder in sonstiger Verkleidung der Gefangennahme
zu entgehen.

Ein Fischnetz wurde über das Land gezogen. Durch die
Maschen unserer Schützenlinien, die lückenlos das Land von
Norden nach Süden und Westen abstreiften, gab es kein Ent=
rinnen. Aus dem Osten und Süden rückten die Bulgaren vor.
Die serbischen Divisionen knäulten sich immer dichter zusammen.
Sie wichen vom Norden, vom Osten, aus dem Süden. Sie
wurden an die Westgrenze ihres Reiches, in das Nachbarland der
Schwarzen Berge und in die Räubernester Albaniens getrieben.

Aber auf den wenigen Wegen dahin verloren die zehn- und zwanzigfach Geschlagenen ihren Zusammenhalt, ihre Kampfkraft, ihr Kriegsgerät. Von der serbischen Armee, die den „Schwaba" schlagen wollte, verblieben klägliche Trümmer im Umfang von kaum zwei Divisionen. In knapp zwei Monaten war das wehrhafte serbische Volk, soweit es sich nicht unterworfen, aus seinem Lande verjagt.

Dieser gewaltige Erfolg hat seine besonderen Geheimnisse. Sonst entscheidet das Schlachtenglück. In Serbien kam es nach der Überwindung der Donau zu keinen großen, folgenschweren Kampfhandlungen. Fast kein Tag verlief ohne Zusammenstöße auf der ganzen Front, aber es waren in der Hauptsache Nachhutgefechte. Sie forderten unablässige Wachsamkeit und Spannung. Das sieghafte Kampfmittel waren die Beine. Die Serben wurden totmarschiert. Sie glaubten sich sicher hinter dem Schmutzwall ihrer grundlosen Straßen. Sie hofften, sich dahinter ausruhen, in Sicherheit bringen zu können. Für unsere Truppen gab es kein Atemholen, kein Hindernis. „Sind die Deutschen vom Teufel geritten?" fragten die serbischen Gefangenen. „Wie ist es möglich, daß sie uns so auf den Fersen bleiben? Wenn wir uns ihnen mit allen Listen entzogen haben, immer wieder sind sie da!" In der Tat, es gab für sie keine Wege, keine Berge, keine Flußhindernisse, keine Wälder oder Sümpfe, keine Jahreszeit, keine Ermattung, keinen Munitions- und Verpflegungsmangel. So sah es wenigstens aus. Manches Streifkorps hat Tage hindurch auf das tägliche Brot verzichten müssen. Aber im großen ganzen hat der Nachschub mit dem Eilmarsch der Fronttruppen Schritt gehalten. Den fliegenden Truppen folgten die fliegenden Kolonnen. Und diese Leistung kann nur der ermessen, der das serbische Land und seine Wege kennt. Der serbische Feldzug war von einer Willenskraft beseelt, die ihresgleichen sucht. Dieser Willenskraft vornehmlich ist die serbische Armee erlegen. Von der Donau ab ist der Feind nicht zur Ruhe gekommen. Hielt er irgendwo stand, so wurde er unverzüglich angegriffen, zunächst von Granaten und Schrapnells überschüttet, dann im Sturmangriff verjagt. Wich er zurück, so blieb man ihm im Nacken. Er durfte sich nicht erholen. Mit dem Morgengrauen waren die Feldgrauen wieder vor seiner neuen Stellung, die deutschen Granaten waren die Frühstücksgäste, mochten die Serben sich noch so sehr den Kopf zerbrechen, wie es möglich war, die Geschütze so rasch nachzuziehen und ihren großen Appetit an Munition zu stillen. Gleich rätselhaft war ihnen die Verpflegungsmöglichkeit der Truppen. In diesem Tempo ging es Wochen hindurch: täglich Kampf und Marsch. Das zermürbte, erschöpfte den Feind mehr als Pulver und Blei, die körperliche Erschlaffung löste die völlige Mutlosigkeit aus. Einer nach dem anderen brach zusammen, in kleineren und größeren Verbänden gaben sie sich gefangen. Der ungestüme Vorwärtsdrang verwirrte den serbischen Nachschub. Die wenigen Straßen mußten freigehalten werden für den Rücktransport der Geschütze und ihrer Munition. An eine geregelte Verpflegung und sonstige Fürsorge konnte nicht mehr gedacht werden. Es war unmöglich, die in den Städten aufgestapelten großen, wertvollen Vorräte wegzuschaffen. Die Straßen und Bahngleise waren überfüllt, zum Teil heillos verstopft. Die Bevölkerung wurde durch den überraschenden Anmarsch aufgescheucht und vergrößerte die Verwirrung und das Durcheinander.

Der Wille war stählern, aber die ihn so hart schmiedeten, waren aus demselben körperlichen Stoff wie der Feind, von Hause aus weit weniger als dieser an den Krieg und seine Entbehrungen gewöhnt. Wenn ihnen auch der innere Antrieb sichersten Vertrauens in die Führung und der gewaltige Apparat der Nachschuborganisation zugute kam, unvergessen muß ihnen bleiben, was sie hergaben an Willen und Begeisterung, was sie an übermenschlichen Kräften herausholten aus ihren dereinst vom Fabrikdunst und Schreibpult geschwächten und verkrümmten Körpern. Die Serben sind totmarschiert worden. Man glaube nicht, daß diese neuartige Waffe des serbischen Feldzuges so leicht zu handhaben sei. Der Weg führte durch Morast und Sumpf, durch tückische, buschige Wälder, über felsiges Gestein, ruhelos auf und ab, durch wasserübergossene Täler und über Gebirgskämme von 1000 bis 2000 Metern Höhe. Die meisten Regimenter haben von 30 Nächten im Monat 25 in einem Maisfeld oder Acker zugebracht, kaum geschützt gegen Kälte und Regen. Der kahle Boden oder ein paar Maisblätter bildeten das Bett. Hier hatte man neue Kräfte für die Strapazen des Tages zu sammeln. Es war ein Leben in der Wildnis, unter Verzicht auf fast alles, was sich der Mensch seit der Steinzeit an Behaglichkeit angewöhnt hat. Die Kolonnen waren Tag und Nacht unterwegs. Sie quälten sich durch den Kot, der die Räder festklebte, sie trieben mit heiseren Stimmen die Pferde und Ochsen und Büffel durch Furten und reißendes Wasser, in dem sie mit ihren Wagen fast versanken. Sie kletterten mit ihren Frachten an den steilen Hängen der Berge in die Höhe, jede Minute in Gefahr, in den Abgrund zu stürzen, in dem schon so viele Kadaver und Wagentrümmer lagen. Nur äußerste Willensanstrengung brachte das Wunder fertig, die Munition und Verpflegung für Armeen auf den schandbaren Wegen durch die Engpässe zu zwängen, erbarmungslos, ohne Rast, ohne Schonung, beseelt von dem einen Gedanken: zu siegen. In dem eisernen Räderwerk dieses Willens zerfiel der Widerstand eines tapferen Feindes zu Staub.

Straße in Usküb.

Platz in Usküb.

Das waffenbrüderliche Mittagsmahl.

Landesübliche Verpflegungskolonne.

König Peter von Serbien auf der Flucht in Albanien.

Die Reste des serbischen Heeres.

Der Kaiser auf der Zitadelle von Belgrad.

Mazedonisches Quartier.

Kaisertage.

Die Felsenburg Belgrad, die sich an der Einmündung der Save in die Donau wie ein gewaltiger Thronsessel erhebt, hat in den Stürmen der Völkerwanderung, der Kämpfe zwischen Morgen- und Abendland 27 mal ihren Besitzer gewechselt. Als der Schutz des Heiligen Grabes in Jerusalem den frommen Sinn der deutschen Kaiser nach Osten lenkte, und die Macht ihres Zepters ihnen die Pflicht auferlegte, die geweihten Stätten ihres Glaubens zu verteidigen, zog mit dem frommen Gesang der Pilger schimmernde deutsche Wehr über die Save und Donau zum Balkan-Ufer. Am 28. Juni 1189 erlebte Belgrad seinen großen deutschen Kaisertag. Mit einem Kreuzheer von nach landläufigen Schätzungen 100 000 auserlesenen Rittern und Reisigen überschritt Kaiser Barbarossa die Save bei ihrer Mündung. Die Chronik erzählt, daß die dicht geschlossenen Massen am Peter- und Paulstag dort ihre Lager bezogen. Es herrschte eine frohe und freudige Zuversicht. Am Tage darauf ließ der Kaiser ein großes Turnier abhalten und ehrte im Anschluß daran 60 Knappen durch den Ritterschlag. Er saß auch zu Gericht und verhängte über zwei elsässische Edelleute, die mehrerer Gewalttaten beschuldigt waren, die Todesstrafe, über andere das Abhauen der Hände. Durch strafste und strengste Heeresordnung war er mit Erfolg bemüht, jeden Makel von der aus allen Gauen zusammengewürfelten Schar frommer Streiter feruzuhalten. Vor dem Aufbruch nach Nisch hielt Kaiser Friedrich Musterung und Parade.

Wiederum hat ein deutsches Heer in diesen Monaten die Save und die Donau auf dem Wege nach Südosten überschritten. Die Belgrader Feste, das serbische Land hallte wider vom Geklirr deutscher Waffen, durch den Abendfrieden der Täler schallte der deutsche Gesang. Es war ein Kreuzzug für den Sieg der Waffenbrüderschaft, ein heiliger Krieg gegen den Versuch, die festländische Heimaterde nach außen abzusperren, unser Volk durch Hunger niederzuzwingen. Das Tor nach dem Morgenland wurde aufgestoßen, die brüderliche Kette mit den südöstlichen Verbündeten zusammengeschmiedet. Dieses verheißungsvolle weltgeschichtliche Ereignis versinnbildlichte der Fürstenbesuch in Nisch. Am 18. Januar, dem Krönungstage von Königsberg und Versailles, mittags 12 Uhr, lief der kaiserliche Hofzug im dortigen Bahnhof ein. Herzlich begrüßten sich die Herrscher von Deutschland und Bulgarien, erfüllt von dem Ernst und der Weihe dieser Stunde. In der alten Römerfestung von Nisch standen die verbündeten Truppen in Parade. Mit eindrucksvollen Worten gedachte Kaiser Wilhelm der gemeinsamen, siegreichen Kämpfe. In tiefer Ergriffenheit nahm Zar Ferdinand den preußischen Feldmarschallstab entgegen, mit dem der deutsche Kaiser den lorbeergeschmückten Führer des tapferen bulgarischen Heeres überraschte. Der denkwürdige Tag, der zu eingehenden Besprechungen der politischen und militärischen Fragen Gelegenheit bot, wird in seinen Wirkungen über den Krieg hinaus weiterleben. Die Rückfahrt von Nisch gab dem deutschen Kaiser Gelegenheit, eine Stätte zu besichtigen, wo der entscheidende Schlag gegen die feindseligen Torwächter des Ostens geführt wurde, wo eine der geistvollsten strategischen und taktischen Anlagen dieses Krieges durch ruhmeswürdige Tapferkeit der Truppen zu einer Großtat der deutschen Waffen wurde: Belgrad.

Der Kaiserbesuch hielt sich in schlichtestem Rahmen. Nur die nähere militärische Umgebung des Obersten Kriegsherrn nahm daran teil. In der Begleitung befanden sich der Generalstabschef von Falckenhayn, die Generaladjutanten von Plessen, von Lyncker, von Chelius, Admiral von Müller, Oberhofmarschall von Reischach, General von Gröner, der Chef des Feldeisenbahnwesens. Am Bahnhof hatte sich der neu ernannte Gouverneur der von Österreich-Ungarn besetzten Gebiete Serbiens eingefunden, außerdem General Kuchinka, der Brückenkopf- und Stadtkommandant von Belgrad, der die Führung des hohen Gastes in der einstigen serbischen Residenz übernahm. Die Kompanie eines österreichisch-ungarischen Reserve-Regiments stellte die Ehrenwache. Der Kaiser besichtigte zunächst die Belgrader Eisenbahnbrücke, dieses gewaltige neueste Denkmal des Krieges, das in wenigen Wochen aus den Wunderhänden deutscher und österreichisch-ungarischer Pioniere erstanden war. Er schritt die weitgespannte Brücke ab und erkundigte sich nach den kleinsten technischen Einzelheiten. Saveaufwärts sieht man von dem hohen Eisengerüst die Ausläufer der Zigeunerinseln, die in den Oktoberkämpfen der Schauplatz erbitterten Ringens waren. Dann fuhren die Wagen durch die Hauptstraße Belgrads zur Zitadelle. Die noch immer stille Stadt war festlich belebt. Vom Konak grüßte die Habsburger Standarte.

Auf dem nach der Savemündung vorgeschobenen Eckpfeiler der Zitadelle erhielt der Kaiser einen längeren Vortrag von einem Generalstabsoffizier des Korps, das den Saveübergang vollzogen hat. Von der hochragenden Kanzel übersah man weithin das Kampfgelände, seine Schwierigkeiten, seine Geheimnisse. Leuchtender Sonnenschein lag auf diesem Bilde, das an landschaftlichen Reizen wenige seinesgleichen hat. Um weithingedehnte Wassermassen schlingt sich zur Seite der Zitadelle das weiße Häuserband der an Hängen aufsteigenden Stadt. Von hier oben beherrschte man die in fernster Ferne sichtbaren wasserreichen Niederungen des Ungarlandes. Diese stolze, beherrschende Höhe war so recht geeignet, einem lebens- und machtgierigen Volke den Kopf zu umnebeln. Nach dem Vortrag ließ sich der Kaiser von dem Festungskommandanten die Stellen zeigen, an denen seinerzeit Prinz Eugen die Donau überschritten hat und von wo aus er Belgrad in seine Hände bekam. Dann fuhr er durch die Stadt zurück über die Schiffsbrücke zum ungarischen Ufer. Auch diese Brücke ist ein Meisterwerk der Pionierkunst. Sie ist 3½ Kilometer lang, ausfahrbar und trägt mit ihrem festgefügten Holzbau seit Monaten die schweren Kolonnen über das weite Wasser. In dem kroatischen Grenzstädtchen Semlin waren die Fenster dicht besetzt von der freudig erregten Bevölkerung.

Als die Automobile aus den Schlünden der Straßen auf die umliegenden Höhen stiegen, tauchte vor ihnen in Paradestellung, wie aus Erz gegossen, ein feldgraues Viereck auf. Die aufgepflanzten Seitengewehre glitzerten in der Sonne, der freudig festliche Mischklang der Regimentskapellen flog ans Ohr und weckte heimatliche Erinnerungen. Hier standen ruhmbekränzte Truppen, die in mehrtägigen heldenmütigsten Kämpfen dem Feinde das schützende Saveband entrissen hatten und ihm in unermüdlichen Kämpfen bis an die montenegrinische Grenze gefolgt waren. Sie hatten manchen Kameraden verloren, unsägliche Mühen und Entbehrungen auf sich genommen. Von alledem sah man ihnen allerdings nichts an. Die Ausrüstung und Bekleidung war erneuert worden, die äußeren Spuren des Krieges waren ausgemerzt. Eine längere Erholung hatte Körper und Geist aufgefrischt. Erst in letzter Stunde hatten sie erfahren, daß ihr oberster Kriegsherr, der Kaiser, zu ihnen kam, um ihnen persönlich seine Anerkennung und seinen königlichen Dank für ihre Leistungen auszusprechen und an die Offiziere und Mannschaften die vorgeschlagenen Auszeichnungen zu verteilen. Der Kaiser schritt zunächst die Front ab, stellte sich dann in die Mitte der Truppe und beglückwünschte sie in einer kurzen Ansprache zu ihren Erfolgen. Dann nahm er die

Parade ab, sichtlich erfreut von der strammen Haltung der vorbeimarschierenden festgefügten Reihen. Dieser Besichtigung folgten weitere in anderen ungarischen Dörfern. Die Fahrt führte durch die weitgedehnte verträumte Pußta, durch die wohlhabenden Dörfer mit den weißen schmucken Häusern. Wo der Besuch des Kaisers bekannt geworden war, hatte sich das Dorf mit Fahnen festlich geschmückt. Von dem Kirchturm läuteten die Glocken, und aus den Häusern und Straßen klang frohe Begeisterung. Wäre nicht der Hintergrund des Krieges, man konnte sich in die farbenbunten, heiter gestimmten Kaisertage versetzt denken, die in Friedenszeiten deutsche Gaue jubelnd aufklingen ließen.

Anhang.

Der serbische Feldzug

in den amtlichen Berichten der deutschen und österreichisch-ungarischen Heeresleitung.

Kalender.

19. September.

DB.*) Vom nördlichen Donauufer nahm deutsche Artillerie den Kampf gegen serbische Stellungen südlich des Stromes bei Semendria auf. Der Feind wurde vertrieben und sein Geschützfeuer zum Schweigen gebracht.

WB. Österreichisch-ungarische und deutsche Batterien haben gestern die serbischen Stellungen am Südufer der Save und der Donau beschossen; auch die Festung Belgrad stand unter unserem Feuer. In der Nähe der Drinamündung wurden von unseren Truppen serbische vorgeschobene Abteilungen überfallen und aufgerieben.

7. Oktober.

DB. Deutsche und österreichisch-ungarische Truppen haben die Drina, die Save und die Donau an mehreren Stellen überschritten und auf dem östlichen Drina- und südlichen Save- und Donauufer festen Fuß gefaßt.

*) DB. = deutscher Heeresbericht, WB. = öster.-ungar. Heeresbericht, BB. = bulgarischer Heeresbericht.

8. Oktober.

DB. Der Übergang über die Drina, Save und Donau nimmt einen günstigen Verlauf.

Südwestlich von Belgrad sind 4 Offiziere, 296 Mann zu Gefangenen gemacht und 2 Maschinengewehre erbeutet. Gegenüber von Ram fielen nach Kampf 3 Geschütze in unsere Hand.

WB. Der Übergang der österreichisch=ungarischen und deutschen Streitkräfte über die untere Drina, die Save und die Donau wurde fortgesetzt. Die Versuche der Serben, unsere Unternehmungen zu stören oder zu vereiteln, scheiterten auf allen Punkten.

9. Oktober.

DB. Zwei Armeen einer unter dem Generalfeldmarschall von Mackensen neugebildeten Heeresgruppe haben mit ihren Hauptteilen die Save und Donau überschritten. Nachdem die deutschen Truppen der Armee des k. und k. Generals der Infanterie von Köveß sich der Zigeunerinsel und der Höhen südwestlich von Belgrad bemächtigt hatten, gelang es der Armee, auch den größten Teil der Stadt Belgrad in die Hände der Verbündeten zu bringen. Österreichische Truppen stürmten die Zitadelle und den Nordteil Belgrads, deutsche Truppen den neuen Konak. Die Truppen sind in weiterem Vordringen durch den Südteil der Stadt.

Die Armee des Generals der Artillerie von Gallwitz erzwang den Donauübergang an vielen Stellen an der Strecke abwärts Semendria und drängt den Feind überall nach Süden vor sich her.

WB. Österreichisch=ungarische Truppen der Armee des Generals der Infanterie von Köveß drangen gestern in den Nordteil von Belgrad ein und erstürmten das Bollwerk der Stadt, die Zitadelle. Heute früh bahnten sich deutsche Kräfte von Westen her den Weg zum Konak. Auf dem Schloß der serbischen Könige wehen die Fahnen Österreich=Ungarns und Deutschlands. Auch stromaufwärts und stromabwärts von Belgrad vermochte der das Ufer bewachende Feind nirgends den Verbündeten standzuhalten. In der serbischen Posavina und in der Macva wurde er von österreichisch=ungarischen Streitkräften zurückgeworfen.

10. Oktober.

DB. Die Stadt Belgrad und die im Südwesten und Südosten vorgelagerten Höhen sind nach Kampf in unserem Besitz.

Auch weiter östlich wurde der Feind, wo er standhielt, geworfen. Unsere Truppen sind im weiteren Vorschreiten.

WB. Die k. und k. Truppen in der Macva und nördlich von Obrenovac dringen erfolgreich vor.

Die in Belgrad eingerückten österreichisch-ungarischen und deutschen Regimenter haben die Stadt in erbitterten Straßenkämpfen vom Feinde gesäubert und befinden sich im Angriff auf die südöstlich und südwestlich liegenden Höhen. Weiter stromabwärts haben unsere Verbündeten schon mit starken Kräften das Südufer der Donau gewonnen und den Feind aus mehreren Stellungen geworfen.

Mit warmer Anerkennung gedenken Führer und Truppen nach Überwindung der großen Stromlinie in ihren Berichten der unermüdlichen heldenhaften Tätigkeit unserer braven Pioniere und der aufopfernden Mitwirkung der Donauflotille.

11. Oktober.

DB. An der Drina entwickeln sich weitere Kämpfe.

Auf der Front zwischen Sabac und Gradiste ist der Donauübergang vollendet; südlich von Belgrad sind die Höhen zwischen Zarkowo und Mirijewo erobert. Weiter östlich ist der Angriff im Gange. Die Anatemastellung im Donaubogen von Ram wurde erstürmt; weiter unterhalb bis Orsowa finden stellenweise Artilleriekämpfe statt.

Die deutschen Truppen machten bisher 14 Offiziere, 1542 Mann zu Gefangenen und erbeuteten 17 Geschütze (darunter 2 schwere), sowie 5 Maschinengewehre.

12. Oktober.

DB. Auf der ganzen Front macht unsere Vorwärtsbewegung gute Fortschritte. Stadt und Feste Semendria sind gestern von unseren Truppen genommen.

Anhang.

13. Oktober.

DB. Der Widerstand der Serben konnte unsere Vorwärtsbewegung nur wenig aufhalten.

Südlich von Belgrad wurden Dorf Zeleznik und Höhen östlich beiderseits der Topciderska gestürmt. Der Angriff auf Pozarevac ist im günstigen Fortschreiten. Die Straße Pozarevac–Gradiste ist in südlicher Richtung überschritten.

14. Oktober.

DB. Südlich von Belgrad sind unsere Truppen im weiteren Vorgehen. Die Werke der West-, Nord-, Ost- und Südostfront des festungsartig ausgebauten Ortes Pozarevac sind genommen.

15. Oktober.

DB. Bei der Heeresgruppe des Generalfeldmarschalls von Mackensen nehmen die Operationen ihren planmäßigen Verlauf.

Südlich von Belgrad und von Semendria sind die Serben weiter zurückgedrängt; es wurden 450 Gefangene gemacht und 3 Geschütze (darunter ein schweres) erobert; die Werke auch der Südfront von Pozarevac sind heute nacht gestürmt; die befestigte Stadt fiel damit in unsere Hand.

Die bulgarische erste Armee begann den Angriff über die serbische Ostgrenze; sie nahm die Paßhöhen zwischen Bjelogradschik und Knjazevac in Besitz.

16. Oktober.

DB. Die Armeen der Heeresgruppe Mackensen sind im weiteren Fortschreiten. Südlich von Semendria ist der Branovoberg, östlich von Pozarevac der Ort Smoljinac erstürmt, bulgarische Truppen erzwangen nach Kampf an vielen Stellen zwischen Negotin und Strumica den Übergang über die Grenzkämme; die Ostforts von Zajecar sind genommen.

17. Oktober.

DB. Beiderseits der Bahn Belgrad—Palanka wurde der Petrovgrob und der beherrschende Avalaberg, sowie der Vt. Kamen und die Höhen südlich von Ripotek (an der Donau) genommen; das Höhengelände südlich von Belgrad ist damit in unserer Hand. Die Armee des Generals von Gallwitz warf den Feind von der Podunabje hinter die Ralja (südwestlich von Semendria) und von den Höhen bei Sapina und Makei. Die Armee des bulgarischen Generals Bojadjeff erzwang sich den Übergang über den unteren Timok und stürmte den 1198 Meter hohen Glogovica-Berg (östlich Knjazevac), wobei 8 Geschütze erbeutet und 200 Gefangene gemacht wurden. Auch in Richtung Pirot drangen bulgarische Truppen weiter vor.

Die Heeresgruppe Mackensen erbeutete bisher 68 serbische Geschütze.

18. Oktober.

DB. In der Macva beginnt der Feind zu weichen. Auf dem Höhengelände südlich Belgrad sind unsere Truppen im Fortschreiten gegen Cvetkov-Grob und den Ort Vrein. Südöstlich von Pozarevac sind Ml. Crnice und Bozevac genommen. Bulgarische Truppen haben die Höhen des Muslin-Verein und Babin-Zub besetzt. Weiter südlich dringen sie über Egri Palanka vor.

19. Oktober.

DB. Bei der Heeresgruppe des Generalfeldmarschalls von Mackensen wurde von der Armee des Generals von Köveß durch österreichisch-ungarische Truppen die Stadt Obrenovac genommen, südlich von Belgrad erreichten deutsche und österreichisch-ungarische Verbände nach Kampf die Höhen östlich von Branic, südlich von Ripanj und südlich von Grocka an der Donau. Die Armee des Generals von Gallwitz erkämpfte mit dem rechten Flügel die Gegend westlich von Sevne sowie die Orte Vodanj und Mala Krsna. Das Höhengelände bei Lucica sowie südlich und östlich von Bozevac bis Misljenovac wurde dem Feinde entrissen. Die Armee des Generals Bojadjeff drang gegen Zajecar, Knjazevac, über Inovo und gegen den Kessel von Pirot weiter vor. Andere bulgarische Truppen haben Vranja im oberen Moravatal genommen und weiter südlich die Linie Egri—Palanka—Stip bereits überschritten.

Anhang.

20. Oktober.

DB. Österreichisch-ungarische Truppen dringen auf Sabac vor.
In der Gegend südlich von Ripanj sind weitere Kämpfe im Gange.

Südlich von Lucica—Bozevac ist der Feind erneut geworfen.

Bulgarische Truppen setzten sich durch schnelles Zufassen in Besitz des Sultan Tepe (südwestlich Egri Palanka); sie machten beim Vormarsch auf Kumanovo 2000 Gefangene und eroberten 12 Geschütze.

WB. Die in der Macva vordringenden österreichisch-ungarischen Truppen näherten sich Sabac. Bei Ripanj und südöstlich von Grocka warfen wir den Feind aus einer stark besetzten Höhenstellung. Deutsche Streitkräfte erkämpften sich südlich von Semendria den Übergang über die untere Ralja und gewannen südöstlich von Pozarevac in der Richtung auf Petrovac erneut Raum.

Die Bulgaren entrissen dem Feinde seine starken Stellungen auf dem Sultan Tepe, südwestlich von Egri Palanka. Sie nahmen, gegen Kumanovo vordringend, 2000 Serben gefangen und erbeuteten 12 Geschütze.

21. Oktober.

DB. Die verbündeten Truppen folgen auf der ganzen Front dem langsam weichenden Feinde.

Aus der stark befestigten Stellung südlich und östlich von Ripanj sind die Serben in südlicher Richtung geworfen. Unsere Vortruppen erreichten Stepojevac—Leskovac—Baba. Westlich der Morava dringen deutsche Truppen über Selevac und Saraorci, östlich des Flusses über Blastido, Rasanac und auf Ranovac vor.

Bulgarische Truppen kämpfen bei Negotin. Weiter südlich erreichten sie die Straße Zajecar-Knjazevac.

22. Oktober.

DB. Von der Heeresgruppe des Generalfeldmarschalls von Mackensen hat die Armee des Generals von Kövess die allgemeine Linie Arnajewo bis Slatinaberg erreicht. Die Armee des Generals von Gallwitz drang bis Selevac, Savanovac und Trnovca sowie bis nördlich Ranovac vor.

Die Armee des Generals Bojadjeff ist nördlich Knjazevac im weiteren Vorgehen, von den übrigen Teilen der Armee sind die Meldungen noch nicht eingetroffen.

Von anderen bulgarischen Heeresteilen ist Kumanovo besetzt, Veles ist genommen; südlich von Strumica ist der Feind über den Wardar geworfen.

23. Oktober.

DB. Bei Visegrad wurde der Übergang über die Drina erzwungen und der Feind von den Höhen südlich des Ortes vertrieben.

Die Armee des Generals von Köveß hat die feindlichen Stellungen zwischen der Lucavica und dem Kosmajberg gestürmt. Die Armee des Generals von Gallwitz hat den Gegner östlich von Palanka über die Jasenica und östlich der Morava aus seinen Stellungen in Linie Aleksandrovac=Orljevo geworfen. Über 600 Serben wurden gefangen genommen.

Dem Druck von beiden Seiten nachgebend, weichen die Serben auch aus ihren Stellungen in der Linie Kosutiva=Berg=Slatina=Höhe (281).

Die bulgarischen Truppen setzten sich in Besitz von Negotin und Rogljevo. Sie stehen östlich und südöstlich von Knjazevac im fortschreitenden Angriff und wiesen südöstlich von Pirot serbische Vorstöße blutig ab.

24. Oktober.

DB. Von der Heeresgruppe des Generalfeldmarschalls von Mackensen warf die Armee des Generals von Köveß östlich der Lucavica die Serben weiter in südlicher Richtung zurück.

Die Armee des Generals von Gallwitz hat bei Palanka das Südufer der Jasenica gewonnen, weiter östlich die Linie Rapinac — nördlich Petrovac — Ranovac gegen teilweise sehr hartnäckigen Widerstand der Serben erreicht. Die große Zahl der von unseren

Truppen beerdigten Serben läßt auf die Schwere der Verluste des Feindes schließen.

Bei Orsova ist die Donau überschritten, die Höhe der Slava Bojiza- gewonnen. 3 Offiziere, 70 Mann wurden gefangen.

Die Armee des Generals Bojadjeff hat in Prahovo (an der Donau nordöstlich von Negotin) ein russisches Munitionslager erbeutet und hat halbwegs Zajezar-Knjazevac das Westufer des Timok besetzt. Von den übrigen bulgarischen Heeresleitungen liegen keine neuen Meldungen vor.

25. Oktober.

DB. Bei Višegrad ist der gewonnene Brückenkopf erweitert. Westlich der Kolubara wurden die Tamnavaübergänge nordwestlich von Ub in Besitz genommen.

Die Armee des Generals von Kövess hat die allgemeine Linie Lazarevac — nördlich von Arangjelovac — Rabrovac (westlich von Ratari) erreicht.

Die Armee des Generals von Gallwitz hat südlich der Jasenica die beherrschenden Höhen östlich von Vanicina gestürmt, hat in der Moravaebene in heftigen Kämpfen Dl. Livadica und Zabari gewonnen und ist östlich davon bis zur Linie Presednahöhe — südlich von Petrovac — westlich von Meljnica gelangt.

Im Pek-Tale wurden die Höhen westlich und nordwestlich von Kucevo besetzt.

Die bei Orsova übergegangenen Truppen sind weiter nach Süden vorgedrungen und haben mit ihrem linken Flügel Sip (an der Donau) erreicht. Die bulgarische Armee des Generals Bojadjeff hat den Kamm zwischen den Gipfeln Drenovaglava und des Mirkovac (20 Kilometer nördlich von Pirot) genommen.

WB. Österreichisch-ungarische Reiterabteilungen rückten in Valjevo ein. Die Armee des Generals von Kövess nähert sich kämpfend der Stadt Arangjelovac. Die beiderseits der Kolubara vordringenden k. und k. Truppen dieser Armee befinden sich im Angriff gegen die Höhen südlich und südöstlich von Lazarevac, ein anderer österreichisch-ungarischer Heereskörper warf die Serben bei Ratari, 10 Kilometer südwestlich von Palanka.

Deutsche Streitkräfte erstürmten die mit großer Erbitterung verteidigten Stellungen südlich Palanka und gewannen Petrovac im Mlavatal. Die bei Orsova überschifften österreichisch-ungarischen Truppen dringen im Gebirge östlich der Stromenge Klissura vor. Der Feind flüchtete und ließ Gewehre und Munition liegen.

Die Bulgaren haben in den letzten Tagen den Timok von der Quelle bis zur Mündung an zahlreichen Punkten überschritten. Ihre Angriffe auf die Höhen des linken Ufers und auf Zajecar, Knjazevac und Pirot schreiten vorwärts.

26. Oktober.

DB. Östlich von Visegrad ist die Höhenlinie Suha Gora-Panos erreicht. Der Angriff der Armeen der Generale von Köveß und von Gallwitz schreitet gut fort. Südlich von Palanka sind die Nordhänge des Racatales in unserem Besitz, weiter östlich sind Markovac, Vk. Laole, Kucevo genommen. In den letzten drei Tagen sind 960 Serben gefangen genommen. Von der Armee des Generals Bojadjeff liegen keine neuen Meldungen vor.

WB. Die östlich von Visegrad vorgehenden österreichisch-ungarischen Streitkräfte warfen den Feind an die Grenze zurück. Unter den Gegnern befanden sich neben serbischen Bataillonen auch montenegrinische.

Die im Nordwestwinkel Serbiens operierenden k. u. k. Truppen der Armee des Generals von Köveß nähern sich der oberen Kolubara und der von den Serben vor unserer Reiterei geräumten Stadt Valjevo. Die von Obrenovac südwärts entsandten österreichisch-ungarischen Divisionen entrissen dem Gegner nach erbitterten Kämpfen die starken Höhenstellungen südlich und südöstlich von Lazarevac.

Deutsche Truppen trieben den Feind über Arangjelovac zurück. In Topola und auf den Höhen östlich davon stehen österreichisch-ungarische Kräfte im Gefecht.

Die beiderseits der Morava vordringende deutsche Armee bemächtigte sich der Höhen nördlich von Raca, des Ortes Markovac und weiterer serbischer Stellungen südöstlich von Petrovac.

Das Gebirgsland in der Donauschleife östlich der Klissuraenge ist zum größten Teil vom Feinde gesäubert. Es wurden hier drei von den Serben verlassene Geschütze eingebracht, darunter ein schweres.

27. Oktober.

DB. Östlich von Visegrad wurde Dobrun genommen.

Die Armeen der Generale von Kövess und von Gallwitz haben den Gegner überall, wo er sich stellte, geworfen. Mit den Hauptkräften wurde die allgemeine Linie Valjevo=Morawci (am Ljig)=Topola erreicht, östlich davon die Jasenica, Raca und beider=seits Svilajnac die Resava überschritten.

Im Pektal ist Neresnica genommen.

Die südlich von Orsova vorgehenden Kräfte erbeuteten in Kladovo 12 schwere Geschütze. In Ljubicevac (an der Donau östlich von Brza Palanka) wurde die unmittelbare Verbindung mit der Armee des Generals Bojadjeff durch Offizierpatrouillen hergestellt.

Der rechte Flügel dieser Armee folgt dem Gegner von Negotin in nordwestlicher und südwestlicher Richtung. Um den Besitz von Knjazevac wird weiter gekämpft.

28. Oktober.

DB. Die Armeen der Generale von Kövess und von Gallwitz sind im weiteren Vordringen.

Die Armee des Generals von Gallwitz hat seit dem 23. Oktober 2033 Gefangene gemacht und mehrere Maschinengewehre erbeutet.

Die Armee des Generals Bojadjeff hat Zajecar genommen. Nördlich von Knjazevac wurde der Timok in breiter Front über=schritten. Knjazevac ist in bulgarischer Hand, mehrere Geschütze wurden erbeutet. Die Höhe der Trenova Glava (25 Kilometer nordwestlich von Pirot) ist besetzt.

29. Oktober.

DB. Bei Trinsto (südlich von Visegrad) wurde der Gegner geworfen, östlich davon ist er über die Grenze zurückgedrängt.

Westlich der Morava ist die allgemeine Linie Slavkovica-Rudnik-Cumic-Batocina erreicht. Südöstlich von Svilajnac wurden die feindlichen Stellungen beiderseits der Resava gestürmt. Über 1300 Gefangene fielen in unsere Hand.

Vor der Front der Armee des Generals Bojadjeff ist der Feind im Weichen. Die Armee verfolgt.

WB. Die südöstlich von Visegrad auftretenden montenegrinischen Bataillone wurden bei Drinsko und auf der Suha Gora geschlagen. Die deutschen Divisionen der Armee des Generals von Köveß drangen in die Gegend von Rudnik vor. Österreichisch-ungarische Kräfte dieser Armee überquerten im Angriff die durch andauernden Regen fast ungangbar gewordenen Niederungen an der obersten Raca, warfen in erbitterten Kämpfen den Feind von der Cinnikohöhe und erstürmten die Kirche und das Dorf Cumic. Die Armee des Generals von Gallwitz überschritt im Raume von Lapovo die Lepenica und machte südöstlich von Svilajnac weitere Fortschritte. Die bulgarische erste Armee eroberte Pirot; der Feind hat vor ihrer ganzen Front den Rückzug angetreten.

30. Oktober.

DB. Die Armeen der Generale von Köveß und von Gallwitz haben feindliche Stellungen gestürmt, über 1000 Serben gefangen genommen, 2 Geschütze, 1 Maschinengewehr erbeutet und sind in der Vorbewegung geblieben.

Die Armee des Generals Bojadjeff setzt die Verfolgung fort.

31. Oktober.

DB. Deutsche Truppen der Armee des Generals von Köveß haben Grn. Milanovac genommen. Nordöstlich davon wurde der Feind an der Straße Saturnja-Kragujevac aus seinen Stellungen südlich der Srocbrnica geworfen.

Die Armee des Generals von Gallwitz drängte beiderseits der Morava den Gegner weiter zurück. 600 Gefangene wurden eingebracht.

Anhang. 169

Von der Armee des Generals Bojadjeff liegen keine neuen Nachrichten vor.

1. November.

DB. In Fortsetzung des Angriffs wurden die Höhen südlich von Grn. Milanovac in Besitz genommen. In Richtung auf Kragujevac ist der Feind über den Petrovackar= und Lepenica= Abschnitt zurückgeworfen; Kragujevac ist in deutscher Hand. Östlich der Morava ist gegen zähen Widerstand der Serben der Trivunovoberg genommen. Es wurden einige hundert Gefangene gemacht.

Die Armee des Generals Bojadjeff war am 30. Oktober unter Nachhutkämpfen dem Feinde bis in die allgemeine Linie Höhen von Planinica (südwestlich von Zajecar) — Slatina (nordwestlich von Knjazevac) — östlich von Svrljig — westlich von Bela= Palanka — östlich von Vlasotince gefolgt.

2. November.

DB. Nördlich und nordöstlich von Cacak ist der Austritt aus dem Bergland südlich Grn. Milanovac in das Tal der west= lichen (Golijska=) Morava erzwungen. Cacak ist besetzt. Die Höhen südlich von Kragujevac sind genommen. Beiderseits der Morava ist die allgemeine Linie Bagrdan=Despotovac überschritten.

Die Armee des Generals Bojadjeff hatte am 31. Oktober die Brzdanhöhe westlich von Slatina an der Straße Knjazevac=Soko= Banja und die Höhen beiderseits der Turija östlich von Svrljig in Besitz genommen. Im Nisavatal nordwestlich von Bela= Palanka wurde Brandol überschritten.

WB. Die Armee des Generals der Infanterie von Köveß gewann den Raum nördlich von Pozega und überschritt die Linie Cacak=Kragujevac. Die Armee des Generals von Gallwitz steht auf den Höhen östlich von Kragujevac und nördlich von Jagodina im Kampf.

3. November.

DB. Usice ist besetzt. Die Straße Cacak=Kragujevac ist über= schritten. Beiderseits der Morava leistet der Feind noch hart= näckigen Widerstand.

In Kragujevac wurden 6 Geschütze, 20 Geschützrohre, 12 Minenwerfer, mehrere tausend Gewehre, viel Munition und Material erbeutet.

Die deutschen Truppen der Armee des Generals von Köveß machten gestern 350 Gefangene und erbeuteten 4 Geschütze. — Die Armee des Generals von Gallwitz nahm in den letzten drei Tagen 1100 Serben gefangen.

Die Armee des Generals Bojadjeff hat westlich von Planinica, beiderseits der Straße Zajecar-Paracin den Feind zurückgeworfen, 230 Gefangene gemacht und 4 Geschütze erbeutet. Südwestlich von Knjazevac verfolgen die bulgarischen Truppen, sie haben den Brückenkopf von Svrljig genommen, den Svrljiški Timok überschritten und bringen über den Plesberg (1327 Meter) und die Gulijanska (1369 Meter) nach dem Nišavatal vor. 300 Gefangene und 2 Maschinengewehre fielen in ihre Hand. Die im Nišavatal vorgegangenen Kräfte wichen vor überlegenem Angriff aus, der Vogovberg (1154 Meter) westlich von Bela-Palanka ist behauptet.

4. November.

DB. Gegen zähen feindlichen Widerstand sind unsere Truppen beiderseits des Koslenikberglandes (nördlich von Kraljevo) im Vordringen. Östlich davon ist die allgemeine Linie Zakuta-Bl. Pcelica-Jagodina überschritten. Östlich der Morava weicht der Gegner; unsere Truppen folgen. Es wurden 650 Gefangene gemacht.

Die Armee des Generals Bojadjeff hat Valakonje und Boljevac (an der Straße Zajecar-Paracin) genommen und im Vorgehen von Svrljig auf Nisch den Kalafat (10 Kilometer nordöstlich von Nisch) erstürmt.

5. November.

DB. Im Moravicatal wurden die Höhen bei Arilje in Besitz genommen. Südlich von Cacak ist der Kamm der Jelica Planina überschritten. Beiderseits des Koslenikberglandes haben unsere Truppen den Feind geworfen und in der Verfolgung das Nordufer der westlichen (Golijska-)Morava beiderseits von Kraljevo erreicht. Sie nahmen 1200 Serben gefangen.

Östlich der Gruza hat die Armee des Generals von Gallwitz den Feind über die Linie Gobacica=Santarovac zurückgeworfen, hat die Höhen südlich des Lugomir gestürmt und im Moravatal die Orte Cuprija, Tresnjevica und Paracin genommen. 1500 Gefangene wurden eingebracht.

WB. Die Armee des Generals von Kövess drängt die Serben bei Arilje und südlich von Cacak ins Gebirge zurück. Die deutschen Truppen dieser Armee nähern sich Kraljevo. Die über die Höhen östlich des Gruzatales vorgehenden österreichisch=ungarischen Kräfte warfen feindliche Nachhuten. Die Armee des Generals von Gallwitz ist in Paracin eingerückt. Auch das Vordringen der bulgarischen ersten Armee macht Fortschritte.

6. November.

DB. Im Tale der westlichen Morava wird südöstlich von Cacak gekämpft. Kraljevo ist genommen. Östlich davon wird der Feind verfolgt. Stubal ist erreicht, der Zupanjevacka=Abschnitt ist überschritten. Im Moravatal wurde bis über Obrez=Sikirica nachgedrängt; durch Handstreich setzten sich unsere Truppen noch nachts in Besitz von Varvarin. Über 3000 Serben wurden gefangen genommen.

Bei Krivivir ist die Gefechtsfühlung zwischen den deutschen und bulgarischen Hauptkräften gewonnen.

Die Armee des Generals Bojadjeff hat bei Lukovo und bei Soko=Banja den Gegner geworfen, über 500 Gefangene gemacht und 6 Geschütze erbeutet.

Nach dreitägigem Kampf ist gegen zähen Widerstand der Serben die befestigte Hauptstadt Nisch gestern nachmittag erobert. Bei den Kämpfen im Vorgelände sind 350 Gefangene und 2 Geschütze in bulgarische Hand gefallen.

7. November.

DB. Österreichisch=ungarische Truppen haben den Feind von der Gracinahöhe (12 Kilometer nordwestlich von Jwanjica) zurückgedrängt und sind im Tal der westlichen Morava über Slatina hinaus vorgedrungen.

Beiderseits von Kraljevo ist der Flußübergang erzwungen. In Kraljevo, das nach heftigem Straßenkampf von brandenburgischen Truppen genommen wurde, sind 130 Geschütze erbeutet.

Östlich davon gingen österreichisch-ungarische Truppen vor und machten 481 Gefangene.

Unsere Truppen stehen dicht vor Krusevac. Die Armee des Generals von Gallwitz nahm gestern über 30 000 Serben gefangen, erbeutete ein neues englisches Feldgeschütz, viele beladene Munitionswagen, zwei Verpflegungszüge und zahlreiches Kriegsmaterial.

WB. Die im Moravatale vordringende österreichisch-ungarische Kolonne befindet sich im Angriff gegen die Höhen nördlich von Jwanjica. Südöstlich von Cacak warfen wir den Feind über den Glogovacki Vrh zurück.

Bei der Einnahme von Kraljevo durch die Deutschen wurden 130 serbische Geschütze eingebracht.

Die südöstlich der Gruzamündung kämpfenden k. und k. Truppen haben gestern 500 Serben gefangen genommen.

Die Armee des Generals von Gallwitz erreichte unter Kämpfen nördlich von Krusevac das Tal der westlichen Morava.

8. November.

DB. Österreichisch-ungarische Truppen haben Jvanjika und den Bijenac (896 Meter) 7 Kilometer nordöstlich davon erreicht.

Deutsche Truppen sind im Angriff auf die Höhen südlich von Kraljevo.

Zwischen Kraljevo und Krusevac ist die westliche Morava an mehreren Stellen überschritten.

Krusevac wurde bereits in der Nacht vom 6. zum 7. November besetzt. Über 3000 Serben sind unverwundet gefangen genommen, über 1500 Verwundete wurden in Lazaretten gefunden. Die Beute besteht, soweit bisher feststeht, in 10 Geschützen, viel Munition und Material, sowie erheblichen Verpflegungsvorräten.

Im Tal der südlichen (Binacka-)Morava wurde Praskovce durchschritten.

Anhang. 173

WB. Die deutschen Truppen des Generals der Infanterie von Kövez kämpfen auf den Höhen südlich von Kraljevo. Flußabwärts, bei Trstenik, haben sich unsere Streitkräfte den Übergang über die hochgehende Morava erkämpft.

Krusevac und die Höhen östlich davon sind in der Hand des Generals von Gallwitz.

Die bulgarische Armee gewinnt in erfolgreichem Fortschreiten die Ausgänge in das Becken von Leskovac.

9. November.

DB. Südlich von Kraljevo und südlich von Krusevac ist der Feind aus seinen Nachhutstellungen geworfen. Unsere Truppen sind im weiteren Vordringen. Die Höhen bei Gjunis auf dem linken Ufer der südlichen Morava sind erstürmt.

Die Beute von Krusevac erhöht sich auf etwa 50 Geschütze, darunter 10 schwere, die Gefangenenzahl auf über 7000.

Die Armee des Generals Bojadjeff hatte am 7. November abends nordwestlich von Aleksinac, sowie westlich und südwestlich von Nisch die südliche Morava erreicht und hat im Verein mit anderen von Süden vorgehenden bulgarischen Heeresteilen Leskovac genommen.

WB. Von den in Serbien kämpfenden k. und k. Truppen hat eine Gruppe Ivanjika besetzt, eine andere den Feind aus seinen an der Straße Ivanjika-Kraljevo angelegten Höhenstellungen geworfen.

Deutsche Kräfte vertrieben den Gegner aus seinen Verschanzungen südlich von Kraljevo. Südlich von Trstenik stehen unsere Bataillone im Kampf. Die im Raume von Krusevac operierenden deutschen Divisionen bringen südwärts vor.

Die Bulgaren haben Leskovac in Besitz genommen.

10. November.

DB. Die Verfolgung ist überall in rüstigem Fortschreiten.

Die Beute von Krusevac beträgt nach den nunmehrigen Feststellungen: 103 fast durchweg moderne Geschütze, große Mengen Munition und Kriegsmaterial.

Die Armee des Generals Bojadjeff meldet 3660 serbische Gefangene; als Beute von Nisch 100, von Leskovac 12 Geschütze.

WB. Österreichisch-ungarische Truppen der Armee des Generals von Köveß haben südwestlich von Ivanjika die starkbesetzte Höhe Okolista genommen und auf Eldoviste, dem Südausläufer der Jelica Planina, eine aus mehreren hintereinander liegenden Schützengräben bestehende Stellung gestürmt.

Südwestlich von Kraljevo dringen deutsche Streitkräfte beiderseits der Ibar vor; südwestlich von Krusevac gewannen sie den Raum von Aleksandrovac.

Die Bulgaren warfen den Feind bei Nisch und bei Aleksinac auf das linke Ufer der südlichen Morava zurück.

11. November.

DB. Die Verfolgung der Serben im Gebirge südlich der westlichen Morava hat gute Fortschritte gemacht. Über 4000 Serben wurden gefangen genommen.

Die Armee des Generals Bojadjeff hat die Morava an mehreren Stellen überschritten.

12. November.

DB. Die Verfolgung wird fortgesetzt. Südlich der Linie Kraljevo-Trstenik ist der erste Gebirgskamm überschritten, im Rasinatal, südwestlich von Krusevac, drangen unsere Truppen bis Dupci vor. Weiter östlich ist Ribare und das dicht dabei liegende Ribarska Banja erreicht.

Gestern wurden über 1700 Gefangene gemacht und 11 Geschütze erbeutet.

13. November.

DB. Die Verfolgung im Gebirge schreitet fort. Die Paßhöhen des Jastrebac (Berggruppe südöstlich von Krusevac) sind von unseren Truppen genommen.

Über 1100 Serben fielen gefangen in unsere Hand, 1 Geschütz wurde erbeutet.

Anhang.

WB. Unsere Visegrader Gruppe hat die Vorstellungen des Gegners im unteren Limgebiete genommen.

Die über Ivanjika vorgehenden österreichisch-ungarischen Truppen haben die Höhen Vl. Livada und Crvena Gora erkämpft. Eine andere Gruppe hat nach Überwindung aller durch Schneefall, Kälte und hohes Gebirge gegebenen Schwierigkeiten im Raume zwischen dem Ibar- und Moravicatale die wichtigen Höhen Smrcak Trigonometer 1649 und Kasutica Trigonometer 1512 erstürmt und einige Gegenangriffe abgewiesen.

Die Armee des Generals von Gallwitz erkämpfte die Paßhöhen im Jastrebacgebirge und machte 1100 Gefangene.

Die bulgarische Armee hat den Moravaübergang fortgesetzt.

14. November.

DB. Die Armeen der Generäle von Köveß und von Gallwitz warfen auf der ganzen Front in teilweise hartnäckigen Kämpfen den Gegner erneut zurück. 13 Offiziere, 1760 Mann wurden gefangen genommen und 2 Geschütze erbeutet.

Die Armee des Generals von Bojadjeff ist im Anschluß an die deutschen Truppen von der südlichen Morava her im Vordringen.

15. November.

DB. Die Verfolgung blieb überall im Fluß. Gestern wurden im ganzen 8500 Gefangene und 12 Geschütze eingebracht, davon durch die bulgarischen Truppen etwa 7000 Mann und 6 Geschütze.

16. November.

DB. Die Verfolgung ist in rüstigem Fortschreiten. Es sind gestern über 1000 Serben gefangen genommen, 2 Maschinengewehre und 3 Geschütze erbeutet.

17. November.

DB. Die Verfolgung im Gebirge machte weitere gute Fortschritte; die Serben vermochten ihr nirgends nennenswerten Aufenthalt zu bereiten. Über 2000 Gefangene, 1 Maschinengewehr und zwei Geschütze blieben in unserer Hand.

WB. Die Verfolgung der Serben wird überall fortgesetzt. Die gegen Sjenika vordringende österreichisch-ungarische Kolonne warf den Feind aus seinen zäh verteidigten Gebirgsstellungen nördlich von Javor. Die deutschen Truppen des Generals von Követz standen gestern abend einen halben Tagemarsch von Raska entfernt. In Kursumlija ist es zu Ortskämpfen gekommen.

18. November.

DB. Die verbündeten Truppen haben in der Verfolgung die allgemeine Linie Javor — nördlich Raska — Kursumlija-Radan-Druglica erreicht. Unsere Truppen fanden Kursumlija von den Serben verlassen und ausgeplündert vor. Es wurden mehrere hundert Gefangene und einige Geschütze eingebracht.

WB. Die Verfolgung macht trotz schwerer Unbilden der Witterung gute Fortschritte. Nördlich von Nova Varos nähern sich unsere Truppen dem Abschnitt des Uvac. Der Ort Javor ist in Besitz genommen. Südlich von Ivanjica schoben wir uns im Raume um die Höhe in Jankov Kamien nahe an die Paßhöhen von Golija Planina heran. Deutsche Truppen sind bis etwa halbwegs Usce-Raska vorgedrungen, während österreichisch-ungarische Kräfte, von Ost gegen den Ibar vorgehend, die Kopaonik-Planina am Weg nach Karadag überschritten haben. Die Truppen der Armee von Gallwitz sind über das von den Serben geplünderte Kursumlija südwärts vorgerückt. Bulgarische Kräfte gewannen kämpfend die Höhen des Raban und den Raum südöstlich davon.

19. November.

DB. Bei den gestrigen erfolgreichen Verfolgungskämpfen wurden rund 5000 Serben gefangen genommen.

20. November.

DB. Nova Varos, Sjenica und Raska sind besetzt, im Ibartal ist Dren, östlich des Kopaonik ist Prepolac erreicht.

2800 Serben wurden gefangen genommen. 4 Geschütze wurden erbeutet.

WB. Die Armee des Generals der Infanterie von Kövess hat Nova Varos besetzt und die Linie Sjenica-Dugapoljana-Raska überschritten. Südlich von Raska nahm eine k. und k. Brigade 2000 Serben gefangen.

Die deutschen Truppen des Generals von Gallwitz kämpfen südlich des Prepolacsattels, die Armee des Generals Bojadjeff im Gebiete der Goljak Planina. Der Feind wurde somit gestern durch die Waffen der drei verbündeten Heere vom letzten Stück altserbischen Bodens vertrieben.

21. November.

DB. Deutsche Truppen der Armee des Generals von Kövess haben Novipazar besetzt. Die Armee des Generals von Gallwitz und der rechte Flügel der Armee des Generals Bojadjeff kämpfen um den Austritt in das Labtal nördlich von Pristina.

Die Zahl der am 19. November gefangen genommenen Serben erhöht sich auf 3800, gestern wurden über 4400 Mann gefangen genommen.

WB. Novipazar wurde von deutschen Truppen besetzt. Östlich davor warf im Ibartal eine österreichisch-ungarische Kolonne den Feind zurück. Die Zahl der in diesem Raume gestern eingebrachten Gefangenen übersteigt 2000. An den Eingängen des Amselfeldes wird heftig gekämpft.

22. November.

DB. Bei Socanica (im Ibartal) wurden serbische Nachhuten zurückgeworfen. Der Austritt in das Labtal ist beiderseits von Podujevo erzwungen. Gestern wurden über 2600 Gefangene gemacht, 6 Geschütze, 4 Maschinengewehre und zahlreiches Kriegsgerät erbeutet.

Im Arsenal von Novipazar fielen 50 große Mörser und 8 Geschütze älterer Fertigung in unsere Hand.

WB. In Novipazar erbeutete die Armee des Generals von Köveß 50 Mörser, 8 Feldgeschütze, 4 Millionen Gewehrpatronen und viel Kriegsgerät. Der noch östlich der Stadt verbliebene Feind wurde von deutschen Truppen vertrieben, in deren Hand er 300 Gefangene zurückließ. Die im Jbartal vordringende österreichisch-ungarische Kolonne erstürmte gestern tagsüber 20 Kilometer nördlich von Mitrovica drei hintereinander liegende serbische Stellungen. In der Dunkelheit bemächtigte sie sich durch Überfall noch einer vierten, wobei 200 Gefangene eingebracht und 6 Geschütze, 4 Maschinengewehre, eine Munitionskolonne und zahlreiche Pferde erbeutet wurden. Die Armee des Generals von Gallwitz nahm in erfolgreichen Kämpfen südlich des Prepolac-Sattels 1800 Serben gefangen. Östlich und südöstlich von Pristina gewinnt der Angriff der ersten bulgarischen Armee trotz zähesten serbischen Widerstandes stetig an Raum.

23. November.

DB. Nördlich von Mitrovica, sowie nördlich und nordöstlich von Pristina wurde der Feind in Nachhutkämpfen geworfen. Über 1500 Gefangene und 6 Geschütze wurden eingebracht.

Auch die südöstlich von Pristina kämpfenden bulgarischen Kräfte drangen erfolgreich vorwärts. Es wird von dort die Gefangennahme von 8000 Serben und eine Beute von 22 Maschinengewehren und 44 Geschützen gemeldet.

WB. Die Kämpfe im Amselfeld nehmen einen günstigen Fortgang. Unsere im Jbartal vordringenden Streitkräfte stehen 6 Kilometer nördlich von Mitrovica, deutsche Truppen einen halben Tagemarsch nördlich von Pristina im Kampf. Die Bulgaren dringen über die Zegovac-Planina vor.

24. November.

DB. Mitrovica ist von österreichisch-ungarischen, Pristina von deutschen Truppen genommen. Die Serben sind westlich von Pristina über die Sitnica zurückgeworfen.

25. November.

DB. Bei Mitrovica wurden von Truppen der Armee Köveß etwa 10 000 Serben gefangen genommen, 19 Geschütze erbeutet. In den Kämpfen um Priština und an der Sitnica fielen 7400 Gefangene und 6 Geschütze in unsere Hand. Die Beute an Kriegsgerät und Vorräten ist erheblich.

WB. Bei der gestern mitgeteilten Einnahme von Mitrovica haben die k. und k. Truppen 10 000 Serben gefangen genommen und 6 Mörser, 12 Feldgeschütze, zahlreiche Fuhrwerke, Munition aller Art, 7 Lokomotiven, 130 Waggons und viel anderes Kriegsgerät erbeutet. Eine österreichisch-ungarische Kolonne gewann über Mitrovica hinausrückend die Gegend von Vucitrn. Südlich davon sind deutsche und bulgarische Kräfte im Begriff, die Sitnica zu überschreiten. In den Kämpfen um Priština sind 6800 Gefangene eingebracht und 6 serbische Geschütze erbeutet worden.

26. November.

DB. Südwestlich von Sjenica und Mitrovica wurden feindliche Nachhuten, die sich an diesen Stellen noch vor der Front der Heeresgruppe des Generalfeldmarschalls von Mackensen hielten, geworfen.

WB. Südlich von Novi-Bazar erstiegen unsere Kolonnen die Mokra-Planina.

Südwestlich von Mitrovica vertrieben wir eine serbische Nachhut. Das Amselfeld ist völlig im Besitz der Verbündeten.

27. November.

DB. Österreichisch-ungarische Truppen haben das Gelände südwestlich von Mitrovica bis zum Klinaabschnitt vom Feinde gesäubert. Die Zahl der bei und in Mitrovica gemachten Gefangenen erhöht sich um 1700.

Westlich von Priština sind die Höhen auf dem linken Sitnicaufer von den deutschen Truppen besetzt. Weitere 800 Gefangene fielen in unsere Hand.

Südlich der Drenica haben bulgarische Truppen die allgemeine Linie Goles-Stimlja-Jezerce-Ljubotin überschritten.

28. November.

DB. Die Verfolgung wird fortgesetzt. — Südwestlich von Mitrovica wurde Rudnik besetzt. — Über 2700 Gefangene fielen in die Hand der verbündeten Truppen. Zahlreiches Kriegsgerät wurde erbeutet.

*

Mit der Flucht der kärglichen Reste des serbischen Heeres in die albanischen Gebirge sind die großen Operationen gegen dasselbe abgeschlossen. Ihr nächster Zweck, die Öffnung freier Verbindung mit Bulgarien und dem Türkischen Reich, ist erreicht.

Die Bewegungen der unter der Oberleitung des Generalfeldmarschalls von Mackensen stehenden Heeresteile wurden begonnen von der österreichisch-ungarischen Armee des Generals von Köveß, die durch deutsche Truppen verstärkt war, gegen die Drina und Save, und von der Armee des Generals von Gallwitz gegen die Donau bei Semendria und Ram-Bazias am 6. Oktober, von der bulgarischen Armee des Generals Bojadjeff gegen die Linie Negotin-Pirot am 14. Oktober.

An diesem Tage setzten auch die Operationen der 2. bulgarischen Armee unter General Todorow in Richtung auf Skoplje-Veles ein.

Seitdem haben die verbündeten Truppen nicht nur das gewaltige Unternehmen eines Donauüberganges angesichts des Feindes, das überdies durch das unzeitige Auftreten des gefürchteten Kassowasturmes behindert wurde, schnell und glatt durchgeführt, und die feindlichen Grenzfestungen Belgrad, bei dessen Einnahme sich neben dem brandenburgischen Reservekorps das österreichisch-ungarische 8. Armeekorps besonders auszeichnete, Zajecar, Knjazevac, Pirot, die in die Hände unserer tapferen bulgarischen Verbündeten fielen, bald überwunden, sondern auch den durch das Gelände unterstützten zähen Widerstand des kriegsgewohnten und sich brav schlagenden Gegners völlig gebrochen. Weder unergründliche Wege, noch unwegsame, tief verschneite Gebirge, weder Mangel an Nachschub noch an Unterkunft haben ihr

Anhang.

Vordringen irgendwie zu hemmen vermocht. Mehr als 100 000 Mann, d. h. fast die Hälfte der ganzen serbischen Wehrmacht, sind gefangen, ihre Verluste im Kampf und durch Verlassen der Fahnen nicht zu schätzen, Geschütze, darunter schwere, und vorläufig unübersehbares Kriegsmaterial aller Art wurden erbeutet. Die deutschen Verluste dürfen recht mäßig genannt werden, so bedauerlich sie an sich auch sind. Unter Krankheiten hat die Truppe überhaupt nicht zu leiden gehabt.

29. November.

DB. Die Verfolgung ist im weiteren Fortschreiten. Über 1500 Serben wurden gefangen genommen.

Zum gestrigen Bericht über den bisherigen Verlauf des serbischen Feldzuges ist noch zu ergänzen, daß die Gesamtzahl der bisher den Serben abgenommenen Geschütze 502 beträgt, darunter viele schwere.

30. November.

DB. Bei Rudnik (südwestlich von Mitrovica) wurden feindliche Kräfte von Teilen der Armee des Generals von Köveß zurückgeworfen. Hier und westlich der Sitnica von Truppen der Armee des Generals von Gallwitz wurden zusammen etwa 1000 Gefangene gemacht.

Bulgarische Kräfte haben am 28. November Prizren genommen. Sie brachten über 3000 Gefangene und 8 Geschütze ein.

1. Dezember.

DB. An einzelnen Stellen fanden erfolgreiche Kämpfe mit feindlichen Nachhuten statt.

Bei Prizren nahmen die bulgarischen Truppen 15000 Serben gefangen und erbeuteten viele Gebirgsgeschütze und sonstiges Kriegsgerät.

WB. Prizren wurde am 29. November mittags von den Bulgaren genommen.

Die Armee des Generals von Köveß hat im November 40800 serbische Soldaten und 26600 Wehrfähige gefangen genommen und 179 Geschütze und 12 Maschinengewehre erbeutet.

2. Dezember.

DB. Westlich des Lim wurden Boljanic, Plevlje und Jabuka besetzt. Südwestlich von Mitrovica wurden 4000 Gefangene und 2 Geschütze eingebracht.

BB. Seit dem Anfang des Krieges gegen Serbien (14. Oktbr.) bis zur Einnahme von Prizren (29. November) haben wir den Serben folgende Beute abgenommen:

50000 Gefangene,
265 Geschütze,
136 Artillerie=Munitionswagen,
ungefähr 100000 Gewehre,
36000 Granaten,
3 Millionen Gewehrpatronen,
2350 Eisenbahnwagen und
63 Lokomotiven.

Nach der Einnahme von Kicewo und von Krusewo haben wir Brodi auf der Straße Kicewo=Prilep besetzt.

Auf der Front der englisch=französischen Truppen keine Ver= änderung.

3. Dezember.

DB. Im Gebirge südwestlich von Mitrovica spielen sich erfolgreiche Kämpfe mit vereinzelten feindlichen Abteilungen ab. Dabei wurden gestern über 1200 Serben gefangen genommen.

4. Dezember.

DB. Die Kämpfe gegen versprengte serbische Abteilungen im Gebirge werden fortgesetzt. Gestern wurden über 2000 Gefangene und Überläufer eingebracht.

5. Dezember.

DB. In erfolgreichen Kämpfen bei Plevlje und im Gebirge nordöstlich von Ipek wurden mehrere Hundert Gefangene gemacht.

Bulgarische Truppen haben südwestlich von Prizren den zu= rückgehenden Feind gestellt, geschlagen und ihm über 100 Geschütze und große Mengen Kriegsgerät, darunter 200 Kraftwagen, ab=

Anhang. 183

genommen. — Im Jamagebirge (östlich von Debra) und halbwegs Krcova-Ohrida wurden serbische Nachhuten geworfen.

In Monastir sind deutsche und bulgarische Abteilungen eingerückt und von den Behörden wie der Bevölkerung freudig begrüßt worden.

WB. Südlich von Novipazar wurden gestern abermals 600 Gefangene eingebracht.

6. Dezember.

DB. Südlich von Sjenica und nordöstlich von Ipek wurden montenegrinische und serbische Abteilungen zurückgeworfen.

WB. Unsere Truppen sind nun auch westlich und südwestlich von Novi-Bazar und an der von Mitrovica nach Ipek führenden Straße auf montenegrinisches Gebiet vorgedrungen. Im Karstlande der Pestera wurden montenegrinische Vortruppen auf ihre Hauptstellungen zurückgeworfen. Östlich von Ipek schlugen wir eine serbische Nachhut; unsere Spitzen nähern sich der Stadt. Die Zahl der in den gestrigen Kämpfen eingebrachten Gefangenen übersteigt 2100 Mann.

7. Dezember.

DB. Ipek ist erreicht. Etwa 1250 Gefangene wurden eingebracht.

Die Franzosen haben vor der drohenden Umfassung ihre Stellungen im Cerna-(Karasu-)Vardar-Bogen aufgeben müssen.

8. Dezember.

DB. Bei Ipek wurden 80 Geschütze und viel Kriegsgerät erbeutet. Gestern sind über 2000 Gefangene gemacht worden.

9. Dezember.

DB. Die Kämpfe südlich von Plevlje, südlich von Sjenica und bei Ipek wurden mit Erfolg fortgesetzt.

Djakova, Debra, Struga und Ochrida sind von bulgarischen Truppen besetzt. Die Kämpfe am Vardar sind in günstigem Fortschreiten.

10. Dezember.

DB. Die Armee des Generals von Kövess hat in den letzten beiden Tagen etwa 1200 Gefangene eingebracht.

Bei der Armee des Generals von Gallwitz keine wesentlichen Ereignisse.

Die bulgarischen Truppen haben südlich von Strumica den Engländern 10 Geschütze abgenommen.

11. Dezember.

DB. Keine wesentlichen Ereignisse. Über die bulgarischen Armeen liegen neue Nachrichten noch nicht vor.

12. Dezember.

DB. Den in den albanischen Grenzgebirgen verfolgenden österreichisch-ungarischen Kolonnen fielen in den beiden letzten Tagen über 6500 Gefangene und Versprengte in die Hände. Zwischen Rozaj, das gestern genommen wurde, und Ipek hat der Feind 40 Geschütze zurücklassen müssen. Nach entscheidenden Niederlagen, die die Armee des Generals Todorow in einer Reihe kühner und kräftiger Schläge während der letzten Tage den Franzosen und Engländern beibrachte, befinden sich diese in kläglichem Zustande auf dem Rückzuge nach der griechischen Grenze und über dieselbe. Die Verluste der Feinde an Menschen, Waffen und Material aller Art sind nach dem Bericht unseres Verbündeten außerordentlich schwer.

13. Dezember.

DB. Die Lage ist nicht wesentlich verändert. Bei der Armee des Generals von Kövess wurden gestern über 900 Gefangene eingebracht. Bei Ipek sind 12 moderne Geschütze erbeutet, die die Serben dort vergraben hatten. Hinter unserer Front wurden in den letzten Tagen über 1000 versprengte Serben festgenommen.

In Mazedonien hat die Armee des Generals Todorow die Orte Doiran und Gewgheli genommen. Kein Engländer und Franzose befindet sich in Freiheit auf mazedonischem Boden.

Anhang.

Nahezu zwei englische Divisionen sind in diesen Kämpfen aufgerieben worden.

14. Dezember.

DB. Südwestlich und südlich von Plevlje haben die österreichisch-ungarischen Truppen den Feind erneut zum Weichen gebracht. Dort und in den ostmontenegrinischen Bergen wurden etwa 2500 Gefangene eingebracht.

15. Dezember.

DB. Südwestlich von Plevlje ist der Feind über die Tara und weiter östlich über die Linie Grab-Brodarevo zurückgeworfen. Mehrere hundert Mann wurden gefangen genommen.

16. Dezember.

DB. Die Kämpfe in Nordmontenegro wurden mit Erfolg fortgesetzt. Die österreichisch-ungarischen Truppen stehen nahe vor Bijelopolje.

17. Dezember.

DB. Bijelopolje ist im Sturm genommen. Über 700 Gefangene sind eingebracht.

18. Dezember.

DB. Beim Kampf um Bijelopolje wurden im ganzen 1950 Mann, darunter eine geringe Zahl Montenegriner, gefangen genommen.

Das Gebiet nordöstlich der Tara abwärts von Mojkovac ist vom Feinde gesäubert. Den österreichisch-ungarischen Truppen sind bei den erfolgreichen Kämpfen der letzten fünf Tage in dieser Gegend 13 500 Gefangene in die Hände gefallen.

19. Dezember.

DB. Bei Mojkovac und Bijelopolje sind erneut etwa 750 Serben und Montenegriner gefangen genommen worden.

20. Dezember.

DB. Bei den Kämpfen nordöstlich von Tara sind, wie nachträglich gemeldet wird, 3 Gebirgs- und 2 Feldgeschütze erbeutet worden. Gestern fanden bei Mojkovac weitere für die österreichisch-ungarischen Truppen günstige Kämpfe statt. Mehrere hundert Gefangene wurden eingebracht.

Von den deutschen und bulgarischen Heeresteilen nichts Neues.

21. Dezember.

DB. Die Lage ist im allgemeinen unverändert.

Karte von Serbien
mit eingezeichneten Fronten.

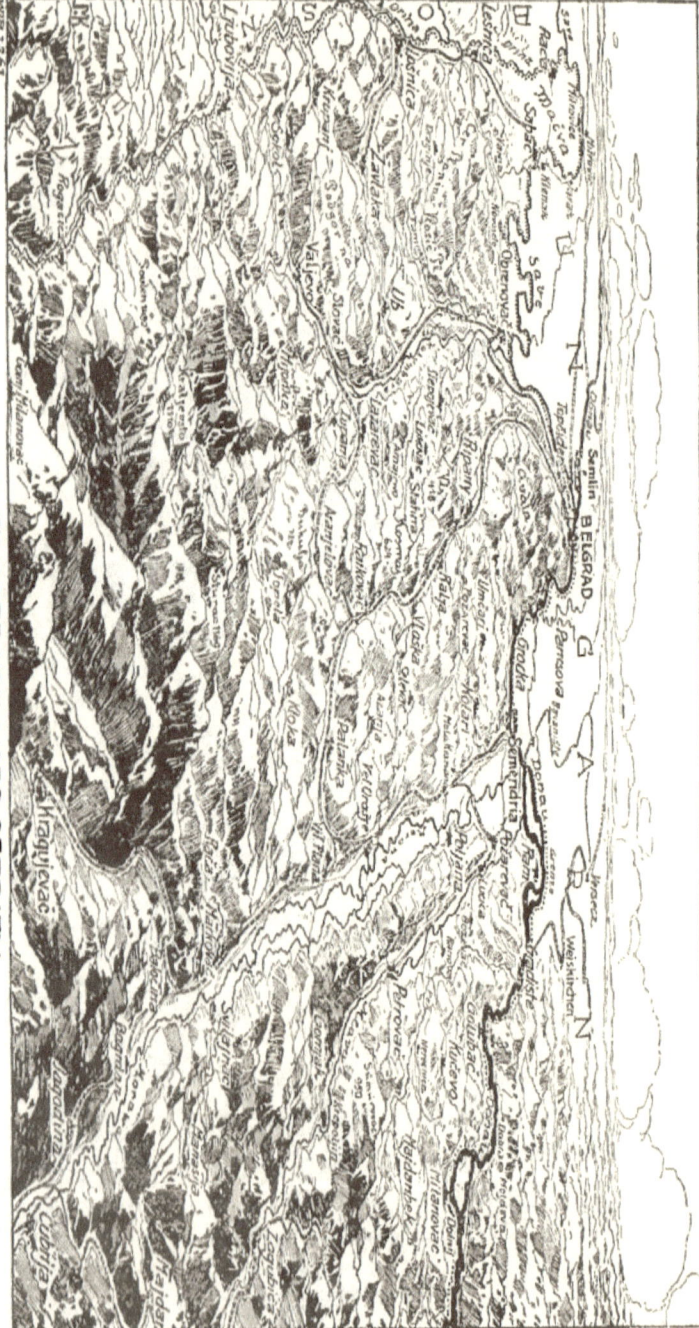

RELIEFKARTE VON NORD-SERBIEN.

Inhalt.

	Seite
Serbiens Aufstieg und Untergang	7
Mackensens überraschende Offensive	17
Nächtliche Annäherung an Belgrad.	
Die 150 Freiwilligen.	
Die Kämpfe auf den Zigeunerinseln.	
Die Bezwingung der Donau.	
Der Brückenschlag nach Bulgarien.	
Der konzentrische Angriff	42
Belgrad	48
Anfahrt.	
Die tote Stadt.	
Der serbische Vesuv.	
An der rumänischen Grenze	59
Die verwunschene Insel.	
Der überraschte Fasching.	
Abendstimmung.	
Im Moravatal	67
Die Sintflut	72
Ein Kampftag	77
Ein Marschtag	84
Der serbische Bauer	91
Städtebilder	96
Bei einem Exminister.	
Jovo, der Oberkellner.	
Die Schwäbin.	
Die einstige Residenz des serbischen Zaren.	
Fahnen und Kränze in Nisch.	

Inhalt.

	Seite
Erkenntnis und Zusammenbruch	109
Aus einem serbischen Tagebuch	115
Das Wirtshaus an der Rasina	117
Streifzüge durch das Hochgebirge	122
Heldentod der Pferde	127
Das Ende	129
Im bulgarischen Kasino	134
Auf der Straße nach Sofia	137
Im Balkanzug	139
Die k. u. k. Kameraden	145
Der Siegeszug des Willens	147
Kaisertage	153
Anhang: Der serbische Feldzug in den amtlichen Berichten der deutschen Heeresleitung	158
Karte von Serbien mit eingezeichneten Fronten	187
Reliefkarte von Nord-Serbien	188
Verzeichnis der Abbildungen	191

Verzeichnis der Abbildungen.

	Seite
v. Mackensen, v. Gallwitz, v. Seeckt	5
v. Falkenhayn, v. Kosch, v. Lochow, v. Winkler	5
Deutscher Offizier am Beobachtungsapparat an der Donau	12
Belgrad, vom Bahnhof Semlin aus gesehen	12
Truppenverladungsstelle an der Donau	13
Versenkte serbische Dampfer	13
Eine Bagage- und Munitionskolonne überschreitet die Donau auf einer schmalen Schwimmbrücke	16
Ein kleiner Soldatenfriedhof bei Belgrad	16
Ein Landungsplatz in den serbischen Bergen	17
Blick von Belgrad auf die Save	17
Belgrader Hafen	32
Die Donau im Kasan (bei Orsova)	32
Die zerstörte Belgrader Eisenbahnbrücke	33
Die nun fertiggestellte Belgrader Eisenbahnbrücke während des Baues	33
Ankunft in Belgrad	40
Serbische Artillerie während der Kämpfe bei Semendria	40
Die Festung Semendria	40
Eine serbische Staatsstraße	40
Das Quartier im serbischen Bauernhause	41
Mit vereinten Pferde- und Menschenkräften	41
Straße im Moravatal	41
Rast einer Kolonne	41
Gemüsemarkt in einer serbischen Ortschaft	48
Gutes Einvernehmen zwischen Serben und Deutschen	48
Eine gesprengte Eisenbahnbrücke im Moravatal	49
Gebirgswagen einer Maschinen-Gewehr-Abteilung	49
Serbisches Bauernhaus	64
Serbische Flüchtlinge	64
Serbischer Bauer	65
Ein zehnjähriger serbischer Soldat	65

Verzeichnis der Abbildungen.

	Seite
Versteckte Stellungen in Maisfeldern und Weinbergen	72
Rast bayrischer Truppen	72
Straßenbild aus Kragujevac	72
Ein heiteres Terzett	72
Das zuverlässigste Fuhrwerk in Serbien	73
Das beseitigte Hindernis	73
Serbische Gefangene	73
Biwak eines Gefangenen-Transportes	73
Deutsch-österreichisch-bulgarische Verbrüderung	80
Bulgarische Brückenwache	80
Die Furt	81
Straßenbild aus Krusevac (serbische Gefangene ziehen vorüber)	81
Die Geschützbeute in Nisch	96
Die Festungswälle von Nisch	96
Nischer Triumphbogen beim Einzug der Bulgaren	97
Marktplatz in Nisch	97
Am Haupteingang der Zitadelle von Nisch	112
Ein Aufruf Generalfeldmarschalls von Mackensen in Nisch	112
Eine Behelfsbrücke bei Nisch, im Hintergrund eine Kriegsbrücke im Bau	113
Bulgarisches Militärkonzert auf dem Marktplatz von Lescovac	113
Antreten zum Neujahrsgottesdienst in Lescovac	128
Heimkehr serbischer Flüchtlinge	128
Transport serbischer Gefangener	129
Die Festung in Üstüb	129
Straße in Üstüb	152
Platz in Üstüb	152
Das waffenbrüderliche Mittagsmahl	152
Landesübliche Verpflegungskolonne	152
König Peter auf der Flucht in Albanien	153
Die Reste des serbischen Heeres	153
Der Kaiser auf der Zitadelle von Belgrad	153
Mazedonisches Quartier	153
Karte von Serbien mit eingezeichneten Fronten	187
Reliefkarte von Nordserbien	188

www.ingramcontent.com/pod-product-compliance
Lightning Source LLC
Chambersburg PA
CBHW020108020526
44112CB00033B/1096